novum premium

CHRIS REISINGER

DIE GOLF GESELLSCHAFT

Betrachtungen des Golfalltags

novum premium

Bibliografische Information
der Deutschen Nationalbibliothek:

Die Deutsche Nationalbibliothek
verzeichnet diese Publikation in
der Deutschen Nationalbibliografie.
Detaillierte bibliografische Daten
sind im Internet über
http://www.d-nb.de abrufbar.

ISBN 978-3-903861-85-5
Lektorat: Tobias Keil,
Andreas Schachtner
Umschlagfotos: Mantinov, Liligraphie
Yulia Ryabokon | Dreamstime.com
Umschlaggestaltung, Layout & Satz:
novum Verlag
Innenabbildungen:
Daniel Reisinger, Mantinov,
Yulia Ryabokon | Dreamstime.com
Autorenfoto: Chris Reisinger

Gedruckt in der Europäischen Union
auf umweltfreundlichem, chlor- und
säurefrei gebleichtem Papier.

www.novumverlag.com

Eine inhaltsreiche Runde in 18 Bahnen

VORWORT

Natürlich geht es in diesem Buch um den Golfsport, aber noch mehr um das Drumherum. Um die Einbettung des Golfspiels in die Gesellschaft, um die Selbstdarstellung der Spieler, um die Dynamik eines Clublebens und viel um die Psychologie beim Spiel, im Schwung und am Rande von Regeln und Etikette.

Und es geht hauptsächlich um uns Freizeitgolfer, jene, für die niedrige Single Handicapper schon fast Shooting Stars sind. Das Profilager, das in eigenen Wettbewerben mit speziellen Tourtickets um die Welt jettet, bleibt hier unbeleuchtet. Die glamourösen Golfstars, ihre Erfolge, Skandale, ihre Schwungstudien oder spannende Turniere möge jeder nach seinem Geschmack verfolgen. Ich möchte den Einfluss auf das golferische Alltagsgeschehen hierzulande nicht unterbewerten, halte ihn aber für überschaubar.

Historisch bedingt liegen die Epizentren des Golfsports zwar immer noch in den angloamerikanischen Ländern. Doch die Anhängerschaft reicht wie vieles mittlerweile um den ganzen Globus mit zugegeben einer breiten Palette an Beliebtheit. Interessant bleiben kulturelle Zugangsunterschiede, wie man denn so eine Nachmittagsrunde golferisch anlegt. Die sind nämlich stärker ausgeprägt, als man auf Grund der einheitlichen Regeln und Ausrüstung meinen möchte.

Der Kern meines Verständnisses einer Golfgesellschaft liegt im deutschsprachigen Raum, dort fand meine golferische

Sozialisierung statt. Genau genommen ist mein Heimatclub „GOLF REGAU“, der am Nordrand des wunderschönen Salzkammergutes in Österreich gelegen ist.

Die geographische Lage macht Golf in hiesigen Breiten und Höhen zu einem Saisonsport mit einer Hauptsaison von April bis Oktober. Im Winter werden die Berge zum Skifahren benutzt.

Der Platz in Regau hat seinen Spielbetrieb erst 2006 aufgenommen und ich habe zu meiner eigenen Verblüffung versucht auf und mit ihm das Golfspiel zu erlernen. Daraus wurden viele Jahre als begeisterter Spieler mit Open End.

Um etwas aus dem alpinen Raum auszubrechen, darf ich als Halfway Pause meine golferisch kulturelle Kontrasterfahrung bei den SHANGHAI GOLFERS einbringen – ein Golfclub ohne Golfplatz, mit bunten Nationalitäten. Beruflich bedingt lebte ich über 5 Jahre in Shanghai – glücklicherweise auch mit viel Golf.

Obwohl sich mein Interesse für golferische „Administration“ sehr lange in Grenzen hielt, hat mich nach meiner Rückkehr aus China die GOLF REGAU Generalversammlung am 12. März 2020 zu ihrem Präsidenten gewählt. Am folgenden sonnigen Sonntag, den 15. März, war meine erste Amtshandlung – noch dazu während einer netten Golfrunde – das Schließen des Golfplatzes. In einer Radiomeldung wurde verkündet, dass man eben eine Ausgangssperre wegen der Covid-19 Pandemie verhängt hatte. Am 17. November 2020 mussten wir auf Grund des 2. Lockdowns die Spielsaison 2020 vorzeitig beenden. Dazwischen war trotz Pandemie ein wunderbarer Golfsommer.

Im folgenden Winter begab ich mich wie viele in der 2. Pandemischen Welle in Europa in heimische Klausur und reflektierte über das Leben – das golferische und insbesondere seine illustren Facetten.

Das Buch beabsichtigt nicht mit Tipps oder Theorien aus den Lesern einen besseren Golfer zu machen, sondern betrachtet mit Augenzwinkern einige Phänomene des Spielers, des Flights (als nächst größere soziale Einheit), des Clubs und so weiter. Freizeitgolfer stellen weniger als 2% der deutschsprachigen Bevölkerung und somit eine klare Minderheit dar, aber nona eine Minderheit mit Besonderheiten – und die gilt es zu beleuchten.

So wie eine Golfrunde mehrheitlich ein genussvoller Rundgang in der Natur sein soll, so soll auch das Lesen dieses Buches ein genussvoller Spaziergang sein. Natürlich auch für jene, die von „außen" das Golfgeschehen mitverfolgen oder Partner und Freunde haben, die dem Golfsport aus ihrer Sicht und manchmal auf nicht nachvollziehbare Weise verfallen sind.

Die Intention mag sein dem Treiben auf dem Golfplatz ein paar zusätzliche Nuancen abzutrotzen und eine bessere Balance finden, zwischen Technik und Gemütlichkeit, zwischen Sehen und Gesehenwerden, zwischen Muße und Ehrgeiz, zwischen Suchen und Finden.

Vöcklabruck, im April 2021

I.

Einleitung – Die Soziologie des Drumherums

Golf ist ein Standardsport.

Unsere Hausbibliothek wird im Sachbuchsektor – lassen wir Belletristik mal außen vor – von Kochbüchern dominiert. Die gehören allerdings meiner Frau, doch ich profitiere natürlich ungemein von der dadurch gelebten Kulinarik. Die kulinarische Einstellung der Golfer während und vor allem nach den Golfrunden ist allerdings ein eigenes Thema, das sich später einen kurzen Blick verdient. Rang 2 belegen beruflich bedingt Bücher über Management und Psychologie, aber schon auf Rang 3 liegen Bücher über Golf.

Da finden sich welche mit umfassenden Ansprüchen, wie „Das Golf Handbuch – ein vollständiger Begleiter durch die ganze Welt des Golfs“, „Richtig gutes Golf – mehr wissen besser spielen“, „Richtig Golf – länger und genauer“ etc. Dann gibt es natürlich auch Gegentheoretiker „Golfprofis schwingen nicht, sie schlagen“, Psychologen „Intelligentes Golf – Gefühl ist erlernbar“, „Steigern Sie Ihren Golf IQ – Der intelligente Weg zum besseren Spiel“, darüber hinaus Regelbücher, Praxisbücher fürs Green und rund ums Green, Bücher der Altmeister und und und.

Ihnen allen ist eines gemeinsam. Sie vermitteln einen Anspruch. Sie vertrauen darauf, dass der einzelne Leser besser werden WILL und KANN. Doch wie wir es aus fast allen anderen Lebensbereichen kennen, können wir unseren Ansprüchen nur selten gerecht werden, abgesehen davon, dass manche völlig illusorisch sind. Natürlich gibt es den Millionenshow-, den Talentwettbewerb- und den allgemeinen Ehrgeizgewinner, aber der ist in Wahrheit sehr, sehr selten.

Aus soziologischer Sicht dominiert nämlich die latente Ansteckung durch das Durchschnittsniveau, ein zugewiesener Platz in der Könnensverteilung, der sich in sozialen Gruppen sehr rasch einstellt und sich nur langsam, wenn überhaupt, verändert. Das ist in der freizeitlichen Sportwelt nicht anders als in der Gesellschafts- und Berufswelt, außer dass man in ersterer etwas leichter zwischen den Sportarten hin- und herspringen kann.

Bitte gestatten Sie mir diesen kleinen Ausflug ins Soziologische, der uns hilft zu verstehen, wie viel und wieso wir uns in Freizeitaktivitäten engagieren. Und warum wir uns darin positionieren möchten.

Den Griechen und Römern war das Wechselspiel Körper–Geist durchaus bewusst (Mens sana in corpore sano – Gesunder Geist in gesundem Körper), allerdings blieb die Motivation über Jahrhunderte auf kämpferische und militärische Zwecke begrenzt. Ich wohne zufällig in einer Friedrich-Ludwig-Jahnstraße, die es in vielen deutschsprachigen Städten gibt. Der Namensgeber gilt hierzulande als Vater des Turnens, der im 19. Jahrhundert als Erster versuchte körperliche Ertüchtigung in die Erziehung zu integrieren. Aber selbst er hatte noch primär preussische Interessen im Kopf, die er mit stählerner Muskelkraft zu verteidigen suchte – mit den Franzosen als Feindbild im Blick. Sportvereine im heutigen Sinn wurden erst Ende des 19. bzw. zu Beginn des 20. Jahrhunderts in relevanter Zahl gegründet. Allerdings fanden nur sehr wenige Zugang zu so einem luxuriösen Vergnügen. Der Durchbruch kam erst in der Nachkriegszeit, als uns die gesellschaftliche Moderne ereilte.

Oder um es frei nach dem Soziologen Andreas Reckwitz auszudrücken:

In der Mitte des letzten Jahrhunderts erreichte uns die gesellschaftliche Moderne. Ihr Grundzug ist eine expansive Systematisierung der Welt in Form von Standardisierung, Formalisierung und Generalisierung.

Es wurden global sichtbare Lebensstandards geschaffen, die wirklich viele Bereiche des Lebens abdecken. Wohnstandards, Mobilitäts- und Autostandards, Arbeitsstandards und auch Freizeit- und Sportstandards. Firmen setzten auf Standards für viele Produkte oder Konzepte, nur unter einem Megastandardisierungstrend konnten Restaurants wie McDonalds oder Starbucks globale Siegeszüge feiern und Akzeptanz (!) erreichen. Allen voran zog der „American Way of Life“ als Trend um den Globus. Erstmals wurden in großem Umfang auch Freizeiteinrichtungen wie Tennisplätze, Fußballplätze, Skiregionen etc. nach einheitlichen globalen (sich manchmal modernisierenden) Standards errichtet. Ein Lebensglück suggerierendes Werbesujet war dann etwa: Ehepaar, 2 Kinder, Haus mit Garage und Auto, Tennisschläger (Golfschläger für die oberen Schichten). Eine Portion standardisierte Freizeit gehörte zum Standard – ge- und erlebt mit standardisierten Marken, versteht sich.

Golfplätze selber folgten auch einer peniblen Standardisierung. Man spielt 18 Löcher, 9 wenn es ein billiger Kompromiss sein muss. Aber auch in Großressorts muss die Lochanzahl immer durch 9 teilbar sein, es gibt nur Par 3, Par 4 und Par 5. Maximal sind 4 Spieler pro Spielgruppe (Flight) unterwegs. Loch und Ball sind überall auf der Welt gleich groß, die Anzahl der Schläger ist begrenzt, deren Form und Gewicht normiert. Das erst jetzt eingeführte World Handicap System ist da ein vergleichsweise später Ausläufer.

Die heutigen Träger und Kinder dieser gesellschaftlichen Moderne sind vielfach Baby Boomer (inklusive meiner Wenigkeit) und die haben gerade noch die politischen, wirtschaftlichen und kulturellen Fäden in der Hand (Kultur ist hier umfassend auch die Freizeitkultur inkludierend gemeint).

Jeder Kulturstandard ist bemüht einen bestimmten gesellschaftlichen Sektor zu erreichen. Staatsoper und Golfsport zielten eher auf gehobene Schichten ab und verschiedene Barrieren sollten für die einen anziehend, für die anderen ausgrenzend wirken. Diese Hürden waren finanzieller Natur, flankiert von gesellschaftlicher Stellung der zu werbenden Mitglieder – häufig gepaart mit zum Teil obskuren Kleidervorschriften.

Der Übergang in die Postmoderne hat schleichend, aber spätestens seit der Jahrtausendwende sehr spürbar eingesetzt. Die Kultur des ALLGEMEINEN (Standard) wurde eine Kultur des BESONDEREN. Die Generationen XYZ und wie sie alle genannt werden sind heillose Individualisten. Zentral ist ihnen das Streben nach Einzigartigkeit und Außergewöhnlichkeit außerhalb der bisherigen Normen. Street Art jeder Art erreicht mehr Internetklicks als opulent inszenierte Staatsopernaufführungen hinter denen ein dickes Kulturbudget steht. Aber es ist nicht allein der subjektive Wunsch, es ist geradezu ein Druck von Peer und Social Media Groups entstanden.

Finde dich selbst! Du bist was Besonderes!

Standardsportarten, wie eben auch Golf, verloren durch diesen Wandel der gesellschaftlichen Einstellungen an Attraktivität. Free Style in was auch immer ist angesagt. Red Bull verleiht die dazu notwendigen Flügel. Viele traditionelle Sportarten und Vereine geraten in eine Überalterungsfalle. Meine mittlerweile erwachsenen Söhne betreiben Bouldern (so eine Art Indoor Free Climbing). Das skizzierte Werbesujet des Durchschnittsangestellten mit Durchschnittsfamilie in der Vorstadt ist zu einer Negativfolie verkommen. Auch der Dresscode ist aus jugendlicher Sicht entsetzlich. Meine Söhne mussten 2 Jahre Golf spielen – das wars.

In diese Entwicklung der Postmoderne hinein haben die Altvorderen den Ausbau von Golfanlagen vorangetrieben. Die Initiatoren und Investoren meines Alters waren topmotiviert einen Klassiker aus der angloamerikanischen Welt bei uns in die standardisierte Freizeitaktivität zu führen. Ein gesunder Breitensport in der Natur sollte es werden, touristische Belebung durch spendable Gäste – nicht ahnend, welche Knicker golfspielende Pensionisten sein können. Alle 3 Golfplätze rund um den Attersee – es ist der größte Binnensee Österreichs – sind nach 2000 entstanden. Dass Golf sowas wie *Anti-Free-Style* ist – ein Sport, der sich neben Regeln sogar Etikette ins Stammbuch schreibt oder bis vor kurzem ins Stammbuch geschrieben hat – dämpft jugendliche Interessen gewaltig.

Oft beflügelt Angebot die Nachfrage, doch das vermehrte Angebot an Golfplätzen konnte den Gesamttrend nicht umkehren und so setzte ein für Golfclubs bedrohlicher Wettbewerb schon mit ihrer Eröffnung ein. Die vormals hohen Einschreibgebühren waren nicht mehr zu halten, sogenannte „Billigclubs" leiteten einen Preiskampf ein, der die finanzielle Hürde für fast jedermann/-frau einzureißen schien. Dennoch ging die Zahl der aktiven Spieler in Österreich im letzten Jahrzehnt (bis zum Coronajahr 2020) zurück. Die Generation Free Style hat andere Pläne. Die Likes, die ein Jugendlicher mit einem Selfie von sich auf dem Grün erzielen kann, sind überschaubar.

Ein paralleler soziologischer Blickwinkel stellt sich erfreulicherweise günstiger für den Golfsport dar. Das ist nämlich jener der gesellschaftlichen Erwartungshaltung. So wie wir uns im Übergang von der Moderne zur Postmoderne befinden, so beobachten wir auch einen Übergang von der Disziplinar- zur Leistungsgesellschaft. Die Disziplinargesellschaft erwartet von ihren Bewohnern, dass sie eine ihnen zugedachte – manchmal von den Eltern ausgedachte – Rolle annehmen, unauffällig und brav einen Beitrag zum großen Ganzen leisten. Das Modalverb, das sie beherrscht, ist Nicht-Dürfen. Wir sind brave Schüler und anständige Bürger mit gebührendem Respekt für die Obrigkeit. Die Umgebung war geprägt von Verbotsschildern aller Art, „Das Betreten des Rasens ist nicht gestattet". Der Lohn war sichtbare und erlebbare Wohlstandsverbreitung – für fast alle.

Die aufkeimende Leistungsgesellschaft entledigt sich dieser Negativität des „Nicht-Dürfens" und das entgrenzte Können wird das positive Leitmotiv.

Ab einem bestimmten Punkt stößt die Disziplinartechnik bzw. das Negativschema des Verbots an ihre Grenzen. Zur Steigerung der Produktivität wird das Paradigma der Disziplinierung durch das Positivschema des Könnens ersetzt. „Yes, we can" ist der Anfang, der in dem Imperativ „Jetzt kommt es nur mehr auf deine Performance an" gipfelt. Die Bewohner der Leistungsgesellschaft werden zu Unternehmern ihrer selbst, sie bringen und definieren ihre eigene Performance. Sie wollen dem Nimbus der Generation der Erben entkommen, sie wollen ihr „eigenes Ding".

Dass damit neue Verwerfungen einhergehen, ist ein zweites. Der deutsch koreanische Schriftsteller *Byung-Chul Han* ist ein empfehlenswerter Meister für die exzellente Beschreibung dieser soziologischen Analysen.

Für Golfer ist die auf sich selbst projizierte Performance das tägliche Brot. Wir stehen auf Tee 1 und wissen *„Jetzt kommt es nur mehr auf deine Performance an"*. Aber wir wissen auch, dass damit eine selbstauferlegte Erwartung einhergeht und nicht wenige zittrige Knie haben. Nicht jeder Schlag beschreibt unser Potenzial. Und wir wissen auch, wie schnell wir unter diesem Druck zusammenbrechen können. Ich habe schon Golfer erlebt, die sich nach 2 Fehlschlägen auf Bahn 1 psychologisch und mental für die restliche Runde nicht mehr erholt haben. Diesem Dilemma und den damit verbundenen Phänomenen oder gar Ängsten werden wir uns in diesem Buch an verschiedenen Stellen widmen. Und etwas auch dem Clubleben danach, wo nach dem Abfallen des Drucks auf der Runde die „normalen" Charaktereigenschaften wieder zurückkehren und wo Tratsch und Klatsch die Basiszutaten für das Zwischenmenschliche bilden.

2.

Golf ist ein Spiel, ein Schönes - Einstieg in den Sport

Golf ist ein Einzelsport, der in Kleingruppen gespielt wird. Die einzelnen Spieler versuchen auf begrenzten Spielbahnen einen Golfball mit verschiedenen Golfschlägern mit möglichst wenig Schlägen in ein Loch zu schlagen.

Das ist alles – bei jedem Wetter, fast.

Mittlerweile ist der Einstieg in den Golfsport hierzulande fast ein Spaziergang. Ganz grob braucht man Folgendes:

1. einen guten Willen,
2. eine Platzreife,
3. ein Schlägerset samt Zubehör plus Golfbälle,
4. einen Golfclub samt Golfplatz.

Mit großer Faszination höre ich mir gerne Geschichten an, wie die vielen Spielpartner, die ich im Laufe der Zeit kennengelernt habe, ihren Einstieg gefunden haben, denn auf Grund der beschriebenen späten Verbreitung von Golfplätzen im Alpenraum haben sich die meisten erst im Erwachsenenalter über verschiedene Wege, Bekannte oder Freunde dem Sport zugewandt. Der Golfer von Kindesbeinen an ist hier eher selten.

Da sich meine eigene Geschichte auch am Rande des Allgemeinen bewegt, sei sie hier beispielhaft zum Besten gegeben und brüskiert somit außer mir niemanden wirklich.

1. Mein guter Wille zum Einstieg in den Golfsport ist definitiv nicht in mir selbst gereift, sondern zum einen meiner Frau geschuldet. Die verdankt es wiederum unserer Zahnärztin, die sich selbst und meine Frau ungefragt zu einem Platzreifekurs angemeldet hat. Zum anderen standen auch meine Freunde in den Startlöchern, um sich für die golferischen Ziellöcher zu rüsten. Das war jenen Initiatoren und Investoren geschuldet, die um den Attersee in Österreich Anfang der 2000er gleich 3 Golfplätze errichtet haben. Was hat man nicht gehofft, dass das den eingeschlafenen Tourismus wieder wachküssen würde. Endlich was Neues. Ich selbst als eher Nicht-Sportler, bestenfalls Bergwanderer und Spazierradfahrer, zögerte bis zuletzt mich spießerischen Golfern anzuschließen. Aber ich stand plötzlich ohne Platzreife vor Frau und Freund selbst irgendwie spießerisch da.
2. Ein Platzreifekurs stand aber nicht auf meinem Terminkalender. Eine zufällige Teilnahme an einem Gesundheitsprogramm meines damaligen Arbeitgebers verschaffte mir die Möglichkeit zur Abkürzung. Das Gesundheitsprogramm wurde nämlich im südburgenländischen Loipersdorf abgehalten. Einem Ziel 1 EU-Fördergebiet, das mit Tonnen von EU-Mitteln zur Errichtung von Thermenhotelparadiesen und Golfanlagen auf wirtschaftliche Höhenflüge vorbereitet wurde. Der betreuende Arzt Zsolt Pap de Pestiny war leidenschaftlicher Golfer feuriger ungarischer Abstammung und mein nur in Ansätzen gezeigtes Interesse an Golf griff er sofort auf, schleppte mich zu einem dort tätigen englischen Teaching Pro (englisch für Golferisch zertifiziertem Lehrmeister). Der nahm es mit Prüfung und Kursdauer auf seine burgenländisch-englische Art – und wahrscheinlich auch ärztlich instruiert – ziemlich cool und er stellte mir am zweiten Nachmittag so ein Platzreifeerfolgreichabsolvierungszertifikat aus. Geschafft.

„Right and turn“ war sein Golfschlaggrundprinzip, sprich beim Aufschwung leichte Gewichtsverlagerung nach rechts und Drehen beim Durchschwung. Hab ich mir bis heute gemerkt, aber dürfte noch nicht alles gewesen sein, denn ich habe den Golfschwung bis heute nicht erlernt (wahrscheinlich fehlt da noch was).
Übrigens wird nachgewiesene Platzreife in den angloamerikanischen Ländern für einen Golfclubbeitritt nicht verlangt. Welche Gründe in Deutschland, in der Schweiz und in Österreich dazu geführt haben, hat sich mir bis heute nicht erschlossen. Somit sei dem englischen Pro auch nachgesehen, dass er es nie so mit der deutschen Gründlichkeit hatte. Das Geschäft mit den Zertifikaten und die Weisheit der Vermittlung sind übrigens ausschließlich den Teaching Pros zugedacht. Viele versuchen sich mittlerweile als YouTube Stars.
Irgendwie kommt mir das Schreiben eines Buches im digitalen Zeitalter ohnehin wie Schnee von gestern vor. Aber das nur nebenbei.
Sollte übrigens je ein Skiführerschein eingeführt und verpflichtend werden, würde wahrscheinlich die Popularität des alpinen Skisports auch auf Golfniveau sinken. Schon interessant irgendwie, denn Risiken, beim Skisport sich oder andere zu verletzen, sind wesentlich höher, was ja ein Rechtfertigungsgrund sein könnte. Ski Heil.

3. Ich bereiste beruflich bedingt China mit seinen Provinzen überaus häufig und wir unterhielten in Peking auch ein Representative Office. Die dortigen Märkte für Kleider, Schuhe und allerlei, wurde man schnell aufgeklärt, bieten Wohlfeiles zu verhandelbaren Preisen. Gesagt, getan – ich verhandelte und erstand ein Schlägerset und Bag und alles für den Anfang. Die heimischen Golfer befanden die Schläger für brauchbar und so nahm ich bei Folgereisen auch meinen anderen Einsteigerfreunden frische Ware mit. Die junge Ladenbesitzerin (fast alle Stände auf diesen Märkten werden von jugendlich wirkenden Damen betrieben) lud mich bei Set 5 zu einem netten ausladenden Essen ein. Das hat meine Erwartungen

übertroffen und nur nebenbei Befürchtungen aufkommen lassen, dass ich vielleicht doch nicht geschickt genug verhandelt habe. Gebrauchte Bälle ersteigerte ich auf eBay. Ich gab bei 5 Auktionen ein Angebot ab und da ich (wahrscheinlich wieder) zu hoch bot, bekam ich den Zuschlag für 500 Bälle. Damit sollte ich dann doch jahrelang auskommen.

4. GOLF REGAU wurde 2006 eröffnet, freute sich über jedes Mitglied und so auch über mich, meine Frau und die Freundestruppe, die allesamt ihr erstes Golfjahr bestritten. Der Einstieg war geschafft.

Obwohl bekanntlich aller Anfang schwer ist, vertrete ich hartnäckig die Ansicht, dass beim Golf der Einstieg leicht ist. Abgesehen davon, dass sich Golfclubs und mittlerweile selbst Handelsketten wie Aldi oder Hofer mit Angeboten für Einstiegskurse aller Art überschlagen, lernt man meist am ersten Versuchstag, den Ball irgendwie zu treffen. Mit Glück ist gleich ein schöner Schlag dabei, man kann sich nach Absolvierung der „lästigen“ Reife auf demselben Platz wie alle anderen bewegen und braucht im Wesentlichen die gleiche Zeit für eine Golfrunde. Eine skifahrerische Demütigung, letztlich über Jahre nur auf „Blauen“ Pisten den Berg hinunterzuschwingen, entfällt vollkommen. Im Club gibt es – im Unterschied zu vielen Skihütten – ausschließlich ein Clubhaus, in dem alle Erfahrungen aller ausgetauscht werden. Auffallend ist, dass bei vielen – aber keineswegs nur bei Einsteigern – der Drang, ihre Missgeschicke zu erzählen, die ihnen auf den einzelnen Bahnen widerfahren sind, wirklich ausgeprägt ist. Das golferische Unglück ist ein aufdringliches, nicht nur, dass man es selbst erfährt, es kommt sozusagen bei der Hintertür auch ständig wieder mit dem nächsten Spieler, der von der Runde kommt, ins Clubhaus. Ein Sonntagsskifahrer wird nie gefragt: „Wie hast du heute geschwungen?“, den Golfer fragt man allzu gerne: „Wie hast du heute gespielt?“ Die Antwort fällt selten positiv aus, denn die Tücken des Golfsports sind kein Anfängerproblem, sondern beginnen erst viel, viel später.

Darum geht es im Folgenden.

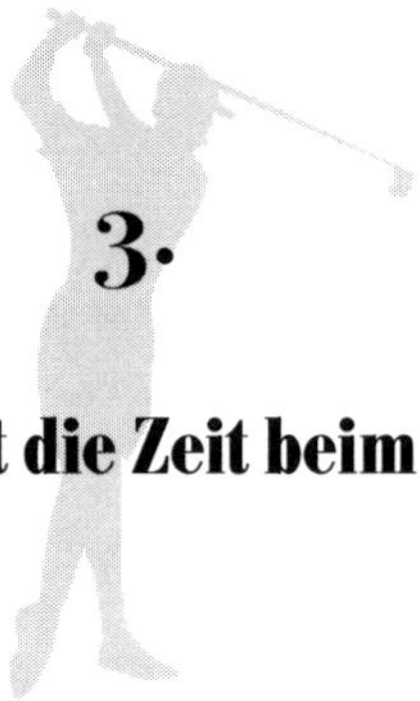

3.

Wo bleibt die Zeit beim Golf

Golf ist ein Kommunikationssport.

Eine Golfrunde dauert netto so um die 4 Stunden – ohne Anreise oder etwaige Bekleidungsauswahlvorbereitungs- und Anziehzeit bzw. Nachsitzenessentrinkenzeit. Das ist ganz schön lang und es lohnt sich ein Blick auf eine ungefähre Zeitverteilung.

Grob könnte man die 4 Stunden auf dem Golfplatz ungefähr 5 Perioden zuordnen:

1. Gehen bzw. Schieben des Trolleys 2,0 h
2. Warten 0,5 h
3. Vorbereiten auf den Schlag
   (Schlägerwahl, Probeschwung …) 0,3 h
4. Eigentliche Schlagroutine
   (Ansprechen, Atmen, Aufteen …) 0,2 h
5. Schauen & Loben, Suchen & Finden 1,0 h

Diese Zeitangaben variieren zwar auf jeder einzelnen Runde in Abhängigkeit von Golfplatz, Spieler, Wetter, langsamer vorausspielender Flight und ähnlichem, aber sie gleichen sich über die Spielsaison hinweg aus. Die Benützung eines Carts kann den Gehteil nona verkürzen, erhöht dafür bei vollem Spielbetrieb die Wartezeit. Die Cart Nutzung ist in Europa ohnehin deutlich geringer als etwa in Asien oder den USA. Elektrisch betriebene Schiebetrolleys sind in Europa vor allem auf hügeligen Kursen sehr beliebt, verändern aber am Zeitgefüge nichts. Auch mir hat ein kürzlich runder Geburtstag zu einem Power-Schiebetrolley verholfen und zumindest meine Auf und Abs aus Herz-Kreislauf Sicht erleichtert.

Aus Sicht der Zeitbilanz ist Golf ein ausgedehnter Spaziergang (1) mit ausgedehnten Pausen (2) und das ist das unumstritten Gesunde am Golfsport – für Körper und Geist. Tendenziell gesehen spielt man Golf ohne Zeitdruck und Hektik und durch die vielen Pausen ist es auch für viele Senioren und Seniorinnen sehr attraktiv.

Aber natürlich tut Golf auch viel Gutes für die Psyche und so können die Perioden Gehen und Warten zur Meditation oder, und das ist die bevorzugte Variante, zur Kommunikation zwischen den Flightpartnern genutzt werden.

Der Austausch von Ansichten über Gott und die Welt sowie das Golfspiel im Allgemeinen und Besonderen, Bemerkungen zur Großwetter- und Geschäftslage bleiben ein essenzieller Teil des Spiels. Man wird übrigens sogar Spieler erleben, die die Kommunikation auch während der Schlagvorbereitung (3) aufrechterhalten, so dringend ist manchmal das Kommunikationsbedürfnis. Es ist natürlich eine großartige Gelegenheit, Leute mit persönlichen Sympathiepunkten zu versehen. Man kann die Leute, mit denen man gerade spielt, nett finden und die anderen nicht – oder umgekehrt.

Nona spielt man überwiegend mit seinen Golffreunden, aber ich golfe auch sehr gerne mit Leuten, die ich nicht kenne – irgendwo auf der Welt. Die gemeinsame Zeit ist lange genug, nach einer Eingewöhnungsphase von 2 bis 3 Bahnen gelingt meist sogar Kommunikationsmüden ein persönlicher Austausch. Im Vergleich zu Beurteilungen in anderen Lebenslagen scheint es eine rosa Golfbrille zu geben, denn die Chancen, auf einen netten Menschen zu treffen, sind höher – oder anders gesagt, oft gelingt allen Flightpartnern das Bemühen sich nett zu geben, und das über die gesamte Golfrunde plus anschließendem Umtrunk. Die wenigen Unnetten oder Gestressten sind meist schon nach wenigen Löchern zu erkennen und es verkürzt sich entsprechend schnell die Kommunikation bzw. die Flightpartneraufgaben, die im nächsten Kapitel zusammengefasst sind.

Zudem gibt es nicht viele Sportarten, bei denen auch Eheleute zusammen oder gegeneinander spielen können. Der klassische Sonntagsvierer bestehend aus 2 Ehepaaren ist hierzulande sehr beliebt – und ein Beweis für die Beziehungsfreundlichkeit des Spiels.

Für Ehepaare eine Win-win-Situation, denn die ausgetauschte Wortdichte kann situativ auf den Abschlägen, sprich Herren – gelb und Damen – rot, angepasst werden. Das Mitteilungsbedürfnis kann so hoch werden – und es soll vorkommen, dass man eine Gesprächspause der Flightpartner zur Konzentration auf den eigenen Schlag erbitten muss.

Natürlich gibt es auch Paare, die sich während der Runde in die Haare kriegen und bei denen eine Aufteilung der Spieler auf unterschiedliche Flights psychologische Vorteile hätte, aber es ist definitiv nicht die Mehrheit. Tendenziell ist es eher die psychologische Hochschaubahn des Einzelnen, die dem Spieler selbst stark zusetzen kann und die natürlich auch die Stimmung im Flight beeinflusst. Ein ehepartnerlicher Rückzug auf: „Ich sag jetzt besser nichts mehr" hat auch schon Gutes bewirkt.

Sollte ein Kommunikationsloch entstehen, bieten alle Golfkurse ein wunderschönes Panorama und eine beobachtbare Flora und Fauna, die sich zwischen Bächen, Teichen, Wäldern, Blumenbeeten und viel Grün darbietet. Die Augen mögen weiden und die Seele beruhigen.

Es ist nicht fad. Im Gegenteil, viele Golfer berichten, dass sie bei einer Golfrunde in ein zeitliches Jetzt versetzt werden, die

Zeit quasi vergessen. Man fühlt sich wie im Urlaub – weit weg und doch gegenwärtig (siehe auch Kapitel Hochschaubahn). Erst Signale wie Müdigkeit und Durst erinnern den Geist, dass man schon lange unterwegs ist und der Körper Regeneration braucht.

Die eigentliche sportliche Performance (3&4) ist bei Golf kürzer, als man zunächst vermuten würde – von den 240 Minuten der Runde sind es vielleicht 30 Minuten, wenn man alles Vorbereitende, wie Schlägerwahl, Probeschwung, Ansprechroutine, Grünlesen, Ballmarkieren etc., dazuzählt. Die Schwünge selber, gerechnet mit 2 Sekunden für letzten Gedanken, Ein- und Ausatmen, Auf- und Durchschwung mal 90 Schläge, machen vielleicht 3 Minuten, nur um eine Orientierung zu bekommen. Diesen 3 Minuten plus Teilen der 27 Minuten für das Vorbereitende widmen sich 99% der Golfbücher. Natürlich wird sich dieses Buch mit diesem Teil der Runde auch befassen, aber trotz unumstrittener Wichtigkeit hier in einer der Zeit angemessenen Proportion.

Beleuchten wir zunächst noch einige Aspekte, die zusammen die Zeitperiode 5 begründen.

4.

Aufgaben der Flightpartner – Schauen & Loben, Suchen & Finden

Golf ist ein Einzelsport –
aber unter permanenter Beobachtung.

Das erste Gebot, also noch keine echte Aufgabe, ist eine höfliche Begrüßung aller Flightpartner. So man sich nicht schon kennt, bietet man sich in aller Regel das Du-Wort an – und versucht mit Vortäuschung guter Laune nette Atmosphäre zu verbreiten. Genau genommen handelt es sich natürlich um Mitspieler, denn Flightpartner wären sie nur dann, wenn man als Mannschaft in einen Wettbewerb geht, aber ich bitte um Nachsicht, dass ich beide Begriffe undifferenziert verwende. Manche erwähnen gleich zu Beginn irgendwelche Begleitumstände, die es ihnen heute nicht ermöglichen werden, ihr gewohntes Spielniveau zu zeigen. Andere bewundern die Gegend, wenige erzählen einen Witz. Die bevorstehende Golfrunde flößt aber selbst alten Golffreunden am Heimatplatz so viel Respekt ein, dass man immer ein gewisses Bemühen feststellen kann, die Runde in guter Atmosphäre zu beginnen. ***„Schönes Spiel“*** ist nicht umsonst der Startwunsch von allen an alle. Zu diesem Zeitpunkt ist es echt so gemeint.

Neben den kommunikativen Aufgaben zu Tratsch- und Quatschthemen in den Zeitabschnitten 1 & 2 haben die Flightpartner die durchgehende Aufgabe dem gerade schlagenden Spieler mit Distanz – nicht zu nah und nicht zu weit – und größtmöglicher Ruhe zuzuschauen. Man sollte fast den Atem anhalten. Der Schlagende soll sich mit allen Konsequenzen beobachtet fühlen – sprich mit allen Nach- und Vorteilen.

Wesentlicher Nachteil ist, dass man sich eben beobachtet fühlt und damit alle Unfähigkeiten, alle Missgeschicke und Blamagen in der Kleingruppe „öffentlich" werden. „Es geht uns allen so" ist kein Trost, sondern ein Peinlichkeitsverstärker. Andererseits ist es ein Vorteil, dass alle gelungenen Schläge auch öffentlich sind. Lob gehört zu den nirgends dokumentierten, aber verdammt wichtigen Pflichten der Mitspieler. Vor allem soll mit der Verteilung von Lob auch bei mittelguten Schlägen nicht gespart werden. Lob ist in diesem Fall so etwas wie der kleine Bruder der Wertschätzung. Freilich reicht die Motivation für Lob von Trost über echtes Lob bis zu tückischem Lob. Die Psychologie kennt hier sehr viele Facetten. Der Gelobte, der sich gerade noch gedacht hat, dass es nur ein bescheidener Schlag war, ist gerne bereit seine Meinung zu revidieren und sich mit einem breiten Grinsen bei seinen Mitspielern zu bedanken. Wenn schon die Ballfluglänge nicht optimal war, wird wahrscheinlich das Schwungbild super gewesen sein. Vielleicht war der Schlag wirklich gar nicht so schlecht. Letztlich ist ja das Eigenbild-Fremdbild-Dilemma auch bei Golf megapräsent. Man sieht sich ja selbst nicht. Also her mit dem Fremdlob.

Jedenfalls lässt sich mit Lob und Stolz behaupten, dass es keinen anderen Sport gibt, bei dem so viel zu Recht oder zu Unrecht gelobt wird: „Geiler Schlag – echt super." Lob kann viel Selbstzweifel reparieren. Der österreichische Kultkanzler Bruno Kreisky wurde für seinen Spruch berühmt: „Sie glauben gar nicht, wie viel Lob ich ertragen kann!" Golfer stehen ihm diesbezüglich in nichts nach.

Eine etwas fiesere Variante ist die Kunst des „Weglobens" – zum Beispiel eingesetzt bei einem Lochwettspiel mit Freunden, wenn es um eine gute Flasche Wein danach geht. Ich lobe gerne meinen Gegner ob seiner grandiosen Weite, „du hast heute eine Superlänge, echt starke Steigerung", im Vertrauen darauf, dass er noch einen Zahn zuzulegen versucht und den Ball versemmelt. Ich bin immer wieder überrascht, wie gut das funktioniert.

Na ja – Lob kann jedenfalls ganz schön was aus- und anrichten. Und übrigens: Unterschwellig adelt Lob den Lobenden und nicht den Gelobten, denn in die Position, Lob aussprechen zu dürfen, muss man erst kommen – nur bei Golf ist das so eine klare Win-win-Situation.

Zweite wesentliche Aufgabe ist es dem Schlagenden Gewissheit verspüren zu lassen, dass auch die Mitspieler eine Idee haben, wo der Ball hingeflogen und vor allem wo er zu liegen gekommen sein könnte. Obwohl am kurz gemähten Fairway der Ball weithin sichtbar ist, kann aber schon der nächste Schlag – und de facto jeder nächste Schlag, wenn man hier mal die Putts außen vor lässt – in deutlich unübersichtlicheres Gelände fliegen. Keine Frage des Golfers an seine Mitspieler wird so oft gestellt wie: „Habt ihr meinen Ball gesehen?" „Ich glaube, er liegt", ist eine häufige, sehr populäre Antwort, die verkürzt suggerieren soll, dass man jetzt noch davon ausgeht den Ball leicht finden zu können. Leider ist die reale Sach- bzw. Balllage meist schlimmer.

Auch wenn das Territorium zunächst eingrenzbar scheint, ändern sich oft der Blickwinkel und die Busch- und Strauchanordnung bei tatsächlicher Annäherung gewaltig. Männer tendieren dazu sich eiligen Schrittes in das Zielterritorium zu begeben, das sie allerdings oft 50 Meter vor der aktuellen Balllage vermuten. Es bedarf dann einer geschickten Fragestellung eines nachkommenden Flightpartners, der weiter hinten im Rough einen Ball lokalisiert. „Kann es sein, dass er hier liegt?" ist im Großen und Ganzen passend. Eine Vorfrage wie: „Welchen Ball (gemeint ist, welche Aufschrift zeichnet deinen Ball aus) hast du gespielt?" ist schon grenzwertiger. Erstens wissen es manche Spieler nicht mehr (echt!) und manche hoffen inständig darauf, dass irgendein Ball im Zielterritorium gefunden wird, den man weiterspielen kann. Der Zuruf „Ich glaube, es ist deiner!“ kann den weiteren Rundenverlauf sehr positiv stimulieren.

Es gibt übrigens Sucher und Finder. Meine Frau ist beispielsweise eine Finderin. Sie findet garantiert bei jedem Suchvorgang 1 oder 2 andere Bälle. Sie erkennt auch die Problemzonen jedes Golfplatzes und kann beim Vorbeischlendern ihren Ballbestand erhöhen – abgesehen davon, dass sie immer gute Bälle findet. Wenn ihr Bag überquellt, gibt sie mir großzügig welche ab. „Du verschießt eh so viele“, ist ihre häufigste und grundsätzlich auch richtige Begründung. Ich hingegen suche meist lust- und erfolg- und finderlos. Wenn ich noch dazu meinen eigenen Ball suchen muss, bin ich schon genervt. Als ob der schlechte Schlag nicht Strafe genug ist, muss ich auch noch suchen oder so tun als ob. Ich versuche meine Mitspieler nach kürzester Zeit zu überreden die Suche abzubrechen. Gut gemeinte Höflichkeitsfloskeln wie „Den finden wir sicher“ rauben mir zusätzlich Energie. Der Strafschlag ist mir lieber als die Suche an sich. „Bitte nicht mehr suchen, wir haben genug Bälle!“ – ist ein blödes Argument, weil es bei Golf gar nicht um den Ballbestand geht. Tatsächlich ist nämlich der familiäre Ballbestand seit dem ohnehin peinlich zustande gekommenen Anfangswert von 500 Bällen kontinuierlichen gestiegen. Ich denke, ich brauche nicht mehr zu erwähnen, wer die Bälle gefunden hat …

In keinem Regelwerk steht, dass es zu den Pflichten gehört dem Betroffenen die schlecht Getroffenen zu suchen, aber Helfersyndrom und Höflichkeit sind stärker. Meist nimmt – zu meiner Erleichterung – die Suchenergie mit Anzahl der Suchvorgänge stark ab. Obwohl zugegeben manch guter Score ohne die Findhilfe von Mitspielern nicht zustande gekommen wäre.

Indirekt muss aber der Ballbestand doch etwas mit dem Golfwohlfühlen zu tun haben. Manche Balllagen sind nämlich wirklich schwer zu erreichen und trotzdem nimmt der eine oder die andere erhebliche Ausrutschrisiken oder Gestrüppdurchkämpfmühen in Kauf, um einen Ball zu „retten“ – irgendeinen wohlgemerkt. Das vielgerühmte Accessoire „Ballangel“, das mir meine Frau geschenkt hat, ist mittlerweile ausschließlich in ihrem Bag und es ist unglaublich, wie viel sie so nebenbei aus Teichen und Gräben fischt. Ihre Freundin ist dabei schon in den Teich gefallen und konnte wegen der rutschigen Folie nur mit Fremdhilfe gerettet werden – leider ohne den Ball. Rettungsaktionen dieser Art sind auch im Regelwerk nicht geregelt, aber Gott sei Dank dann doch selten (das würde ja wieder für eine Regel sprechen). Eine Bereicherung für den Club Small Talk bzw. den Erzähldrang sind solche Vorkommnisse natürlich allemal.

Außerhalb der Runden soll es Spieler geben, die an schönen Herbsttagen mit Rucksäcken bewaffnet Spaziergänge am Golfplatz zum Zwecke des Ballfindens unternehmen. Gegen diesen „Jäger und Sammler“ Instinkt ist an sich nichts einzuwenden. Im Gegenteil, man kann sich bei Golfbällen weniger irren als bei Schwammerl.

Letzte wichtige Aufgabe der Flightpartner ist ein grober Überblick über die Zahlen – die Zahl der Schläge in diesem Fall. Sehr viele Einzelsportarten (Laufen, Skifahren, Radfahren …) können auch ohne Messung oder Zählung auskommen – Golf definitiv nicht.

Hier stoßen wir auf ein kleines Dilemma. Denn die Evolution hat das menschliche Wesen nicht auf Zählen ausgerichtet, sondern aufs Er-Zählen. Es handelt sich zwar während des Spiels um kleine ganze Zahlen, aber die können ganz schön penetrant sein. Beim Handicap, dazu kommen wir später, geht es mathematisch deutlich komplizierter zu, da kommen wir mit ganzen Zahlen nicht mehr aus. Auf einer normalen Golfrunde bewegen wir uns im Großen und Ganzen im Zahlenraum 100 mit Ergebnissen von circa 80 bis 130 für eine 18 Loch Runde. Mathematisch gesehen ab der 4. Schulstufe beherrschbar, aber es gibt sowas wie die Tücke der kleinen Zahlen. Es gibt Spieler, die unter 80 Schlägen bleiben, aber das ist selbst für die Guten keine gemähte Wiese, obwohl sie auf einer solchen spielen.

Natürlich gibt es lustige Sonntagsrunden, wo das Mitzählen nicht so im Vordergrund steht, aber es lauert doch ständig im Hintergrund. Erstens gibt es Golfspieler, die permanent einen präzisen Überblick über die Schläge alle Spieler im Flight haben, genau Buch führen, sprich alles von allen in die Scorekarte eintragen. Und selbst jener Golfspieler, der sich vermeintlich nicht so drum kümmert, weiß auch sehr genau, wann er ein Par oder Birdie gespielt hat. Also die guten Schläge werden immer gezählt.

Es dominieren 2 Zählarten. Eine ist, man zählt die Schläge, nona plus Strafschläge, und hofft, dass nicht allzu viele zusammenkommen. Die andere ist, man kennt pro Loch seine Vorgabe und man bekommt Punkte, je besser man seine Vorgabe erfüllt, und extra Punkte, wenn man sie übererfüllt. Desto mehr, desto gut. Aber egal wie man zählt, es scheint sich immer so zu ergeben, dass etwa 70% der Spieler nach einer normalen Runde und 90% nach einer Turnierrunde mit der Ergebnis der Zählung unzufrieden sind. Sowohl mit der finalen Gesamtzahl an sich als auch mit Einzelwidrigkeiten, wie die Zahl zustande gekommen ist. Dass die meisten Widrigkeiten dem eigenen Versagen geschuldet sind, macht die Sache nicht einfacher, sondern höchstens peinlicher. Allerdings ist die Suche der Schuld bei sich selbst allein auch nicht das Gelbe vom Ei. Man braucht schon Randumstände, die ungünstig waren, um nach Aufrechnung all dieser Faktoren mit sich im Reinen einen Golftag abzuschließen.

Erlebtes Unglück und untrennlich verbundenes Pech brauchen Anteilnahme und diese Aufarbeitung erfolgt meist durch ausführliches Er-Zählen einzelner Missgeschicke. Der Mensch liebt es zu Er-Zählen und kann dieses wesentlich besser verdauen als reines Vorlesen der Zahlen samt nachfolgender Addition auf einer Scorekarte. Bevorzugt erfolgt diese Aufarbeitung im Clubhaus und der Betroffene versucht bei seinen Flightpartnern und anderen Tischnachbarn mit den Golfschicksalserzählungen des Tages Heldentum zu erhaschen, muss sich aber meistens mit Mitleid begnügen. Manchmal mischen sich da auch Golfschicksalsschläge aus früheren Runden darunter. Ich habe ja diesen angehängten Teil der Golfrunde im Zeitbedarf nicht berücksichtigt, obwohl diese Nachschau für manche sehr wesentlich ist. Man könnte sogar den Eindruck gewinnen, dass sich einige die 4 Stunden Golf davor nur antun, um eigentlich erst jetzt eine Bühne für ihren Auftritt zu bekommen. Allerdings sind oft die Zuhörer selbst noch in Aufarbeitung und es ist in manchen Clubs verpönt den Golfschlagschicksalserzähldrang ungehemmt auszuüben. Natürlich ist der Erzähler bemüht die Dramaturgie seinen Möglichkeiten entsprechend spannend zu gestalten, aber oft geht der Unterhaltungseffekt völlig in die Hose. Manche Golffreunde haben sogar die Regel entwickelt, dass der Erzähler eine Flasche Wein spendieren muss, wenn er eine ganzes Loch, sprich alle Einzelunglücke vom Abschlag bis zum Einlochen, erzählt. Nüchtern scheint es fast unmöglich unter der Last der Anteilnahme nicht einzubrechen. Allerdings soll es sich sogar begeben haben, dass der Erzähldruck bei der Rückkehr ins Clubhaus so groß war, dass ein Golfer gleich Wein für alle am Tisch bestellte: „Ich zahle, denn ich muss euch trotzdem erzählen, was mir passiert ist!“

Man soll zumindest schwer damit rechnen, dass die Aufgabe des Zählens in weiterer Folge in den Drang des Erzählens und nahtlos die Pflicht des Zuhörens übergeht. Der psychologischen Hochschaubahn auf der Runde an sich widmet sich ein eigenes Kapitel, die Buntheit der Erzählungen im Clubhaus kann allerdings nur selbst erlebt werden.

Wer übrigens glaubt, dass man bei Golf nur während der Runde beobachtet wird, irrt sich gewaltig. Die wirklich guten Beobachter verfolgen mit internetten Argusaugen, wer an jedem Tag der Woche für eine Runde Zeit hat (schon wieder), wer mit wem spielt (schau, schau) oder bei wem man sich vielleicht noch dazubuchen könnte. Das elektronische, für Mitglieder öffentliche Buchungssystem sieht zwar die Möglichkeit der Anonymisierung des Spielers vor, allerdings kann man auf Grund des Handicaps, das bei den Spielern nicht ausgeblendet wird, mit halbwegs brauchbarer Treffsicherheit zuordnen, um wen es sich handelt. Insbesondere da sich ja die üblich verdächtigen Mitspieler oft nicht anonymisiert haben.

Die Veröffentlichung aller Turnierergebnisse auf der Homepage des Golfverbandes – und sei es noch so ein profanes „Schnitzel- oder Klimt Pralinen 9 Loch Turnier“ – ist eine zusätzliche Grauslichkeit. Tröstlich ist nur, dass penibel studiert werden kann, wer sonst noch wie schlecht gespielt hat, sodass die eigene Unzufriedenheit leicht gemildert wird.

Dass manche Golfplätze eine Kamera auf Tee 1 haben, fällt bei so viel Transparenz schon gar nicht mehr ins Gewicht.

5.

Die Tradition der Golfregeln & Geschichtliches

Golf ist ein ehrenwerter Sport.

Wie vieles Traditionelle werden auch Golfregeln überwiegend mündlich weitergegeben. Trotz einiger bescheidener theoretischer Erklärungsversuche beim Platzreifekurs bringt das Spielerlebnis sofort eine Sondersituation, bei der man nicht genau weiß, wie es weitergeht. Meist erfolgt eine Diskussion mit den Mitspielern und ein circa regelkonformes Weiterspielen – so eine Art spontane Gesetzgebungsdemokratie. Manchmal auch mehr ein Rechtssprechungsschöffensenat.

Ein Regelbuch findet sich kaum in einem Golfhaushalt und außerdem überaltern diese viel schneller als das Bürgerliche Gesetzbuch, aber definitiv schneller als die eigene golferische Entwicklung.

Apropos Entwicklung, da könnte ich jetzt Geschichtliches einfließen lassen.

Fortschrittliche Holländer und Chinesen ließen sich als Erstes auch in freizeitlichen Unterhaltungsgruppen porträtieren – irgendwann ganz, ganz früher. Zu dieser Zeit war der Mainstream, sich eher vorm Schloss, in der Kirche, in der Schlacht oder im supercoolen Designeroutfit abmalen zu lassen. Die Gemälde waren damals die Selfies für die Oberschicht. Mit auf dem Bild dargestellte Golfschläger-ähnliche Werkzeuge und Bälle suggerieren, dass man sowas wie Golf gespielt haben könnte. Sicher supercool, aber wer weiß das so genau. Jedenfalls war auf der Welt noch nichts standardisiert, globalisiert oder in Megatrends schubladisiert – die jetzt wieder angestrebte Kultur des Besonderen gab es also schon einmal.

Der erste hinterlassene buchstäbliche Nachweis – also kein Gemälde mit Selfie Anspruch – und somit gleich auch Regel stammt aus dem Jahr 1457. Allerdings in Form eines Verbots. Das schottische Parlament mit König James II. als treibender Kraft verbot „Golf“ und ordnete stattdessen das Üben des Bogenschießens an.

Mit gebotener Ironie erinnere ich, dass ich 2020 als frisch gewählter Golfclubpräsident als Erstes die Schließung des Golfplatzes verlauten ließ. Allerdings verabsäumte ich eine Ersatztätigkeit anzuordnen. Erst mit der 2. Schließung gab es die Empfehlung sich dem Vitaltraining „Das Kreuz mit der Hüfte“ anzuschließen – Online!

Der Bann wurde von den Königen James III. (1471) und James IV. (1491) noch einmal bekräftigt. Er fiel 1502 dem Friedensschluss zwischen Schottland und England zum Opfer, der die militärischen Übungen der Bevölkerung nicht mehr angemessen erscheinen ließ. Bald darauf wurde bekannt, dass James IV. selbst Golf spielte, als eine Rechnung über für ihn angefertigte Golfschläger im offiziellen Etat des Hofes auftauchte – so laut Wikipedia.

Körperliche Fähigkeiten für Freizeit zu entwickeln war eher eine Randerscheinung, noch kein Trend, denn Jagd, Kampf und Krieg waren der Zweck für Körperkunst. Schon eher widmete sich ein König den Resultaten von schöngeistigen Fähigkeiten (meist basierend auf handwerklichen Fertigkeiten, wie Malerei, Architektur, Musik, Herstellung schöner und opulenter

Dinge – heute meist Fine Arts & Design). Es ist also anzunehmen, dass es wahrscheinlich sowas wie einen K&K Hoflieferanten gab, der aus besten Werkstoffen edles Schlägerzeug mit gebotener Verzierung in mühsamer Kleinarbeit herstellte. Inwieweit man damit auch die Gründung der Handelsbranche „Proshop" definieren könnte, sei dahingestellt.

Den ersten Regeltext „Articles & Laws in Playing at Golf" verfassten ***The Gentlemen Golfers of Leith*** im Jahr 1744. Man befand, dass 13 Articles alles regeln, was zu regeln ist.

Der erste „richtige" Golfclub wurde 10 Jahre später, also 1754, in St. Andrews gegründet. ***The Royal & Ancient Golf Course of St. Andrews***, wie er heute genannt wird, gilt als Wiege des Golfsports. Ein spezielles Komitee des Clubs übernahm die Weiterführung der Regeln. Trotz weltweiter Ausbreitung des mittlerweile zum Sport mutierten Zeitvertreibs im Grünen gelang es den Schotten, ihre Rolle als oberste Instanz in der Golflegislative von Anbeginn an erfolgreich zu verteidigen. Es glückte sogar eine Golfregel(wiederver)einigung mit der amerikanischen US Golf Association (USGA), die sich etwas differenziert entwickeln wollte, aber der moderne Standardisierungsdrang des letzten Jahrhunderts war stärker. Weltweit endlich der gleiche *Standard.* Obwohl sich am sportlichen Prinzip des Golfspiels nicht so viel geändert hat, überrascht die Dynamik, mit der sich die Regeln weiterentwickeln. Die Dominanz, die den Schotten bei der globalen Regellegislative gelungen ist, ist ihnen übrigens bei der Beliebtheit nicht gelungen. Die USA, die Isländer, Schweden und Iren führen in der Statistik mit den meisten Spielern pro Einwohner vor den Schotten auf Nummer 5 (2017).

Als ich mit Golf anfing, war das offizielle Regelbuch der Periode 2004–2007 gültig. Die Grobstruktur waren der Abschnitt I **ETIKETTE**, Abschnitt II **Erklärungen**, der Abschnitt III **34 Regeln** (nona mit vielen Unterpunkten) und der Abschnitt IV **Amateurstatut**.

Die nächsten 3 Versionen gingen an mir weitgehend spur- und straflos vorüber.

Dafür beinhaltet die Revision, die seit 2019 gültig ist, schon fast sowas wie eine kleine Pallastrevolution. Den geltenden offiziellen Golfregeln wurden nämlich ein ganzer Abschnitt und der Inbegriff des Golfvokabulars schlechthin entzogen. Jener Begriff in der Höflichkeit, Noblesse, Eleganz, Rücksicht und vieles mehr subsumiert war, ohne dass alles auf Punkt und Beistrich ausformuliert wurde. Ich rede hier von der Etikette, der manche auch unterstellten, dass mit ihr selbst der Kleidungscode geregelt wäre – was aber nie so war.

Aber es ist so, wie es ist, die Zeit frisst ihre Kinder und mit ihr die Traditionen. Die Etikette, die so untrennbar mit Golf verbunden schien, ist Geschichte. Auch die berühmte Ehre, die dem Spieler, der das letzte Loch am besten gespielt hat, das Recht einräumt als Erster abzuschlagen, ist aufgeweicht und kann durch Ready Golf ersetzt werden. Wenn es schneller gehen soll.

Fortan spielen wir Golf ohne Etikette & Ehre, jetzt heißt es in Regel 1.2 nur mehr lapidar:

„Von allen Spielern wird erwartet, entsprechend des ‚Spirit of the Game' zu spielen, das heißt, aufrichtig zu handeln – zum Beispiel, indem sie die Regeln befolgen, alle Strafen anwenden und in allen Aspekten des Spiels ehrlich sind."

Golfer sind stets bemüht sich am Ende des Schwungs „aufzurichten" und ihr gesamtes Bemühen um Aufrichtigkeit gestehe ich allen zu. Das psychologische Gesamtkonstrukt, mit dem jeder Einzelne seine Linien zieht, um die Geradlinigkeit seiner Aufrichtigkeit zu definieren, ist schon ein eignes Kapitel wert (siehe Selbstoptimierung). Es hatten bereits zu Zeiten der Etikette & Ehre die geraden Linien oft eine kosmische Krümmung knapp an der unendlichen Redlichkeit vorbei.

Tröstlich darf an dieser Stelle angemerkt werden, dass die Regeln auf 24 Stück verkürzt und sprachlich etwas entrümpelt wurden. Das hat auch etwas Gutes. Wobei vorher hieß Wasser Wasser und Buschwerk oft seitliches Wasser und Graben oft frontales Wasser, auch wenn gar kein Wasser im Graben war. Jetzt heißt Wasser nicht mehr Wasser, sondern Penalty Area. Mir schwant schon die nächste Revision.

Die eingangs erwähnte mündliche Weitergabe der Regeln unter uns Freizeitgolfern führt natürlich auch weiterhin zu allen möglichen Übertragungs- und Interpretationsproblemen.

Die Regelrevolution von 2019 hat in unserem Club sogar das Bedürfnis nach Regelkursen ausgelöst, da die Regelratlosigkeit mancher Flights auf der Runde zu erdrückend wurde. Das hat aber nicht verhindert, dass wir uns immer noch im Übergang befinden. Das liegt vielleicht auch an der österreichischen Rechtstradition, die für alle Gesetzesänderungen sehr lange Übergangsfristen vorsieht. *Bei uns geht noch viel ins Wasser*, könnte man sagen.

Es gab übrigens schon seit jeher eine breite Debatte darüber, ob das jeweilige neue Regelwerk in der Lage sei, den „Spirit of the game“ allen Golfern zu vermitteln. Und es wurde immer wieder das Argument strapaziert, dass jene Altvorderen, die ihr Spiel nach ihrem Sportsgeist und ihrer Form von Fairness spielen, ein gänzlich anderes Golf praktizieren als jene, deren Schwerpunkt auf der perfekten Kenntnis der offiziell gültigen Regeln liegt. Persönlich habe ich diesen Unterschied sehr deutlich erlebt – zum einen kulturell bedingt auf verschiedenen Kontinenten und zum anderen auch wenn zwei Vertreter der jeweiligen Extremposition in einem Flight spielen. Das sind dann mühsame 4 Stunden.

Die Verbreitung des Golfsports über den Großen Teich war übrigens schneller als über den Kanal. Denn erst als es dem Prince of Wales auf seinen Sommerurlauben in Deutschland ohne Golf zu fad wurde, ließ er 1899 in Bad Homburg einen Golfplatz errichten. Da gab es in USA und Kanada schon einige Plätze.

In Österreich gründeten Bürgerliche und Adelige unter Mitwirkung des britischen Botschafters unter Kaiser Franz Josef 1901 den Golfclub Krieau (heute GC Wien) neben der Pferderennbahn in der Wiener Freudenau, also irgendwie auch *Royal & Ancient*. „Das muss ein langweiliger Sport sein", meinte der alte Kaiser, nachdem man ihm das Golfspiel erklärt hatte. Ein bisschen hatte der Kaiser recht, aber er hat die Frauen unterschätzt, wie ich später ausführen möchte.

Die Gründung meines Heimatclub GOLF REGAU wird in den Golfgeschichtsbüchern wahrscheinlich keinen besonderen Niederschlag finden. Aber wer weiß, zu welchen Größen sich die Spieler im wahrsten Sinn des Wortes noch *aufschwingen* werden oder welche Größen in das wunderbare Salzkammergut ziehen und durch ihre Membership den Club vergolden.

Grundsätzlich gibt es neben Definitionen und Selbsterklärungen zwei Arten von Regeln – die einen helfen, dass das (Golfer) Leben in geordneten (Spiel) Bahnen verläuft, die anderen Regeln regeln, wenn es nicht so läuft.

Dieses Buch soll kein Regelbuch werden, deshalb gibt es nur eine Mini-Quintessenz der heute gültigen „24". Die wirkliche Gesetzeslage lernen wir so recht und schlecht am Platz, wie eh und je.

1 **Das Spiel, Verhalten der Spieler und die Regeln**: Spielen sie den Platz, wie sie ihn vorfinden und den Ball, wie er liegt. Vergessen sie den Spirit of the Game und die Strafschläge nicht
2 **Das Turnier**: Sie können einzeln gegeneinander (Lochwettspiel) oder allesamt gegeneinander (Zählwettspiel) antreten
3 **Der Platz**: Es gibt 5 definierte Platzbereiche und verschiedenes anderes Zeugs, das uns manchmal unglücklich macht
4 **Ausrüstung des Spielers**: 14 Schläger dürfen sie mitnehmen
5 **Spielen der Runde**: Wann ist das Üben aus und wann geht es richtig los
6 **Spielen eines Loch**s: Vom Aufteen des Balls bis er im Loch drin ist, der gleiche, wenn möglich

7 **Ballsuche: Finden und Identifizieren des Balls**: Eine redliche Suche soll es werden, wenn möglich in 3 Minuten

8 **Den Platz spielen, wie er vorgefunden wird**: Keine Bäume oder Sträucher ausreißen, kein hohes Gras niedertreten, nur loses Zeug wegräumen

9 **Ball spielen wie er liegt; ruhenden Ball aufgenommen**: Besser den Ball nicht angreifen oder mit sonst was stupsen, die Strafe folgt auf dem Fuß

10 **Auf einen Schlag vorbereiten und diesen ausführen; Beratung und Hilfe; Caddies**: Schwingen sie frei und schlagen sie ehrlich nach dem Ball mit oder ohne gutem Rat

11 **Sich bewegender Ball trifft versehentlich Person, Tier oder Gegenstand**: Pech für den oder das Getroffene, es geht aber weiter dort, wo der Ball liegt

12 **Bunker**: Pech für den Spieler, für die meisten jedenfalls

13 **Grüns**: Am Grün ist alles anders, Ball darf aufgenommen und geputzt werden

14 **Vorgehensweise mit dem Ball: Markieren, Aufnehmen, Reinigen; Droppen**: Manchmal muss geprüft werden wessen Ball es sein könnte oder es kommt gar ein neuer Ball ins Spiel

15 **Erleichterung von losen Naturstoffen und beweglichen Hemnissen**: Was dürfen sie alles wegräumen

16 **Erleichterung von ungewöhnlichen Platzverhältnissen**: Also wenn der Ball jetzt wirklich im Gatsch liegt, weil es so geregnet hat, darf man ihn schon herauslegen, zum Beispiel

17 **Penalty Areas**: Man kann schon probieren, den Ball zu spielen, aber wenn er echt im Wasser ist, dann wird ein neuer gedropped

18 **Erleichterung mit Strafe von Schlag und Distanzverlust, Ball verloren oder Aus**: Man kann immer noch einmal schlagen – nona mit Strafschlag und der neue Ball darf nicht näher beim Loch liegen. Wenn der Ball verloren oder im Aus ist, bleibt einem wohl nichts anderes übrig

19 **Ball unspielbar**: Wenn man einen Strafschlag in Kauf nimmt, kann man überall besser legen – die Unspielbarkeit entscheidet der Spieler selbst

20 **Entscheidung von strittigen Regelfällen während der Runde**: Im Lochwettspiel können sich die Spieler einigen, sonst braucht es einen Referee und die Wettspielleitung

21 **Andere Formen des Einzel-Zählspiels und Einzel-Lochspiels**: Diese Regel regelt unter anderem die Zählung der Stableford Punkte

22 **Vierer**: 2 Spieler spielen mit nur einem Team-Ball, ist bei uns auch beliebt

23 **Vierball**: Wieder 2 Spieler im Team, aber doch jeder mit seinem eigenen Ball

24 **Mannschaftsturniere**: Ganze Mann- und Frauschaften gegeneinander oder wir gegen die Engländer

6.

Fairness & Handicap

Golf ist ein Zählsport – und es wird immer gezählt.

Wer glaubt, dass es bei Golf mit den Regeln getan ist, irrt. Es gibt nämlich noch ein weiteres Handicap – und das ist das HANDICAP. Kein anderer Sport kommt auf die absurde Idee, ALLE registrierten Spieler zu qualifizieren und permanent öffentlich das Fähigkeitsniveau jedes einzelnen Sportausübenden auf der Homepage der Verbände und bei jeder Runde zu veröffentlichen, das ist blanker Voyeurismus. Diese Qualifikation in Form einer Handicapunterteilung reichte von -54 bis 0 (minus 54 wohlgemerkt) – bis heuer. Jetzt mit dem neuen World Handicap System dreht sich das Minus ins Plus. Man beginnt also bei 54 und schreibt sich tatsächlich runter, sprich man verbessert sich, sowie es der Sprachgebrauch schon vorweggenommen hat. Das Gros der Spieler kommt nur auf die halbe Distanz und die Singlehandicapper, die eine einstellige Handicap Zahl erreicht haben, sind die sogenannten wenigen Spitzengolfer im Club, quasi die Local Heroes. Da die Einteilung auf Zehntelstellen genau berechnet wird, kommt somit eine Unterteilung in 540 Stufen auf die Golfer zu. Und es wird um jede Zehntelstelle gekämpft.

„Was hast du für ein Handicap?", ist die Paradefrage, die man in aller Regel halbwegs genau beantwortet, weil das Handicap auf der Startliste der elektronischen Teetimereservierung steht.

Ausweichende Antworten, dass man früher einmal dieses oder jenes Handicap gehabt hat, gibt es natürlich immer wieder.

Auf Deutsch wird Handicap übrigens mit Vorgabe übersetzt, wobei es eigentlich um einen sportlichen Leistungsnachlass geht, z. B.: „Du hast 104 Schläge gebraucht, aber jetzt kommt dein Nachlass von 28, also 76. BRAVO!" Zur Verwirrung durch die landläufige Verwendung des Begriffes Vorgabe kommt bei Golf dazu, dass die Vorgabe auf die Löcher nach Lochschwierigkeit aufgeteilt wird. So gilt als Ziel etwa auf einem Par 4 (also ein Loch, bei dem die Profis mit 4 Schlägen einlochen sollten – Par steht übrigens für Professional average result) mit 2 Vorgabe (gemeint sind zusätzliche Schläge), dass man mit 6 Schlägen einlochen sollte. Daran muss man sich aber nicht halten. Verkürzte Fragen, wie „Was hast du auf dem Loch vor?" betreffen also in diesem Fall nicht Absichten oder gar Pläne, wie Pause machen oder Tee trinken, sondern es dreht sich um das Handicap. „VOR" (englisch geschrieben Fore) wird auch laut gerufen, wenn das VORhaben die VORgabe zu erreichen durch diesen Schlag VORaussichtlich verfehlt wird. Spieler, die nicht zum Flight gehören und diese Rufe hören, dürfen damit rechnen in den nächsten Sekunden vom Ball getroffen zu werden – als VORwarnung.

Grundidee einer Handicap Zuteilung war, dass Anfänger oder sportlich weniger Begünstigte mehr Nachlass bekommen und damit in fairen Wettbewerb mit guten oder durchschnittlichen Golfern treten können. Würden die Spieler ihr Spielniveau gemäß Handicap erreichen, wäre das Ergebnis NETTO – also nach Abzug des Nachlasses – für alle gleich und sie könnten sich danach gleich gut fühlen. Selten funktioniert das, meistens eher nicht. In aller Regel (mit oder ohne penible Regelauslegung) erreichen die Spieler ihr Spielniveau nicht und fühlen sich übergebührlich schlecht.

Bei Turnieren werden die Golfer nochmal in Gruppen geteilt, damit man die Schärfe der Begünstigungen durch das Handicap nicht in jeder Gruppe gleich zu verspüren bekommt. Fairness auf allen Linien.

In unseren Breiten bevorzugen wir statt der Zählung der Schläge mit Vorliebe die Vergabe von Punkten für das jeweilige Loch unter Berücksichtigung der Vorgabe. Diese sogenannte STABLEFORD Zählmethode macht uns noch gleicher. Denn für alle gilt: Wer mehr als 36 Punkte erreicht hat, hat super gespielt, 30 bis 36 Punkte Erreicher greifen ausgiebig ins Golfschicksalserzählfach, 25 bis 29 Punkte Erreicher schauen vorwiegend, wer noch weniger Punkte hat, jene mit um die 20 Punkte werden oft wieder zu von Golf unbelasteten Normalmenschen.

Fairness hin oder her, der eigentliche Sinn des Handicaps ist, dass man es angeben kann bzw. damit angeben kann!

Natürlich stellt sich dazu gleich die Frage, welches Handicap ist nun für jeden Golfer das stolzbrusterfüllende. Ganz grob geht es los, wenn man sich dem Durchschnitt nähert, nona dann ist man ja schon kurz davor überdurchschnittlich zu sein. Und der Durchschnittswert ist viel höher, als man zunächst annimmt, nämlich viel näher bei 30 als bei 20. Also in den Anfangsjahren besteht die Freude darin, wenn man sich langsam Richtung 30 nähert. Das setzt allerdings voraus, dass man viele Turniere spielt und sich den Peinlichkeiten mancher Lochdesaster stellt.

„Den anderen geht es auch nicht besser", ist für Anfänger auf der Runde der Zentraltrost, der aber auch nicht bewirkt, dass Geist, Seelenruhe und Schwungebene eine Einheit finden. Trost wirkt ohnehin erst im Nachhinein, nachdem Ärger und Frust verflogen sind. Auf der Runde ist es kein Leichtes diese Gefühle im Zaum zu halten und ich werde später noch einen Blick auf die Hochschaubahn der Gefühle werfen.

Dieser seelische Ritt, der besonders bei Turnieren auch wirklich zu einer „Was mache ich überhaupt hier" Blockade führen kann, ist und bleibt nicht jedermanns/-fraus Sache. Wir dürfen uns der Tatsache nicht verschließen, dass sehr viele Golfer nur geringe Turnierspielfreude verspüren und schon gar nicht ausleben. Es biegen nicht wenige auf dem Erfahrungsweg bis Handicap 30 zu Gelegenheitsgolfern ohne weitere Turnierteilnahme ab, um es vielleicht sogar über kurz oder lang ganz bleiben zu lassen.

Gott sei Dank finden die meisten Golfspieler da irgendwie durch und es stellt sich nach mehreren Jahren (so um die 5) eine Art Handicap Plateau ein, das in Wellen erreicht wurde. Die Wellentäler, sprich die Runden, wo man sich wie der blutigste Anfänger fühlt, bleiben aber de facto auf jedem Spielniveau erhalten. Mit Nüchternheit bestenfalls, eher mit Frust begleitet finden in weiterer Folge manche sogar eine Phase, wo es insgesamt stetig bergabgeht. Der eine oder die andere kann dieses Schicksal trotz Training und Verzweiflungsratsuchen beim Pro nicht abwenden. Natürlich könnte man es auf das Dahinaltern schieben – und da die Mehrheit der Golfer ihren körperlichen und geistigen Beweglichkeitszenit möglicherweise schon überschritten hat, stimmt das auch irgendwie. Doch oft wie aus heiterem Himmel, manchmal auch durch einen einzigen zentralen Tipp vom Pro, kommt das Gefühl wieder zurück, die Verspannung verschwindet und man findet – in jedem, auch in wirklich fortgeschrittenem Alter – wieder zu seiner Form zurück. Jetzt kommt wieder ein Schub nach vorn – endlich.

Bei den Zielhandicap Formulierungen gibt es ja mitunter recht interessante Aspekte: „Wenn ich unter 20 komme, spiele ich kein Turnier mehr. Ich will mich nicht mehr raufspielen!“ Es kommt zwar der Verdacht auf, dass zu dieser Zielerreichung mehrere Selbstoptimierungstechniken eingesetzt werden (siehe Kapitel Selbstoptimierung), aber ich möchte jeden Generalverdacht vermeiden. Jedenfalls wird dann dieses Handicap mit Stolz getragen, im Clubhaus und bei vielen gesellschaftlichen Veranstaltungen. Denn wenn sich ein paar Golfer irgendwo treffen, kann auch abseits des Golfplatzes der golferische Erzähldrang sehr, sehr selten zurückgehalten werden.

Andererseits sagt der Volksmund, dass das Handicap etwas mit der wöchentlichen Arbeitszeit zu tun hat, mit der der Spieler seinem sonstigen Broterwerb nachgeht. Ein zu guter Golfaufschwung kann dem Karriereaufschwung im Weg sein, wenn entscheidende Vorgesetzte schon nach ersten Vorurteilen urteilen. Andererseits mag sich auch der eine oder die andere Golferin denken, dass man so ein gutes Handicap, wie der, der jeden Tag, also immer auf den Golfplatz rennt, auch wieder nicht braucht. Alles hat sein Zuviel.

Nachdem wir jetzt das Handicap mit dem Handicap besprochen haben, möchte ich noch komplizierter werden und auf die Mathematik des Handicaps eingehen.

Bis vor kurzem war ja ein Handicap System im Einsatz, bei dem man sich durch eine Glücksrunde deutlich verbessert hat und man sich selbst bei Katastrophalrunden nur minimal raufgeschrieben hat. Man konnte sich auch in den „Gar nichts passiert" Puffer spielen. Die Rechnung war im Kopf zu machen. Brauche ich aber nicht zu erklären, denn ist ohnehin Schnee von gestern.

Im zeitlichen Auslauf der Moderne und der Standardisierung, die bei Golf auf Grund des Alters aller Entscheidungsträger noch als gesellschaftliches Nonplusultra gilt, hat sich 2020 das World Handicap System durchgesetzt. In Deutschland, der Schweiz und Österreich ab 2021 (Ich wundere mich übrigens bis heute, warum man bei der Schweiz einen Artikel braucht und man nicht nach Schweiz, sondern nur in die Schweiz fahren kann, na ja, dafür gibt es in Deutschland keine Deutschinnen).

Das neue System basiert auf dem Durchschnitt der besten 8 aus den letzten 20 offiziellen Runden. Somit verbessert die berühmte Superrunde, die uns ja hin und wieder gelingt, das Handicap weniger. Eine schlechte Runde beeinflusst die Wertung erst, wenn sie eine gute Runde am Ende der Tabelle aus den „letzten 20" drängt.

Das neue System soll insgesamt die Spielstärke besser abbilden und gleitet mit den Veränderungen im Golferleben besser mit – aber im Kopf rechnen kann man das nicht. Das macht der Golfverband auf seinem Verbandscomputer. Jetzt müssen wir noch öfter via Homepage auf den Bildschirm schauen – und zwangsläufig auf die Handicaps der anderen.

Da ich eine Erklärung auch auf unserer Homepage von GOLF REGAU publiziert habe, und weil alles noch relativ neu ist, sei hier ein Exkurs gestattet (die beispielhaften Angaben betreffen in diesem Fall also meinen Heimatclub).

Weil man beim Handicap über Addition und Subtraktion hinauswill, braucht man schließlich Faktoren, nämlich **Spielergebnis, Kursrating, Slope und Differenzscore**:

a) SPIELERGEBNIS – der Name klingt banal, aber so gab es das vorher nicht

Das Spielergebnis ist die Summe aller Schläge, allerdings gibt es pro Loch eine maximale Schlaganzahl, und zwar: Par + Vorgabe + 2. Also hat man z. B. auf einem Par 4 zwei Schläge vor, ist die Maximalzahl 4 + 2 + 2 also 8. Für uns Stableford Spieler ist diese Begrenzung indirekt etwas vertrauter, denn es entspricht der Schlaganzahl, ab der man keine Nettopunkte mehr erreicht. Dieses Abschneiden beim Maximum erlöst sicher den einen oder anderen vor der gefühlten Totalblamage.

b) Course Rating (Kursrating) – gab es schon

Das Course Rating ist jene Schlaganzahl, mit der der Handicap Null Spieler im Durchschnitt seine Runde spielen würde–könnte–sollte. Abhängigkeit ist das natürlich vom Platz, aber hauptsächlich, ob Dame oder Herr bzw. von welchem Abschlag gespielt wird. Auf dem GOLF REGAU Par 73-Kurs ist das für Herren von gelb 72,9 – für Damen von rot 74,5. Welche Statistik, welche Mathematik und welcher Weisenrat darüber befinden, habe ich bis heute nicht hinterfragt.

c) Slope – gab es schon

Der Slope ist ein Faktor, der berücksichtigt, ob der Kurs für weniger Fortgeschrittene deutlich schwieriger zu spielen ist. Ein Beispiel wäre etwa eine Bahn, bei der man einen langen Carry Schlag braucht, etwa um über einen Teich zu kommen. Das mag für Long Hitter kein Problem sein, für andere bleibt ein ordentliches Risiko ins Wasser zu spielen. Der Standardwert ist 113, eine höhere Zahl bedeutet, dass der Platz für Anfänger schwieriger ist. Bei uns ist der Wert 129 für Herren von gelb und 126 für Damen von rot. Also ganz schön schwer bei GOLF REGAU.

d) Differenz Score – gab es noch nicht

Der Differenz Score, den ich gerne als das erspielte Tageshandicap bezeichnen würde, errechnet sich nun aus den genannten Faktoren.

Differenz Score (DS) = (Spielergebnis – Course Rating) * 113/Slope

Dieser Wert wird auf eine Zehntelstelle gerundet.

e) Wind und Wetter

Das System sieht vor, dass bei extrem schlechten Wetterbedingungen, insbesondere Wind, eine Anpassung des Course Ratings durch die Wettspielleitung nach Maßgabe der tatsächlichen Spielleistungen erfolgen kann.

Genaueres über die Wetterfühligkeit der Spieler und der Wettspielleiter muss allerdings erst erspielt werden.

Mit einer Excel – Tabelle kann der Willige nun den Differenz Score der letzten 20 Runden ausrechnen, die besten 8 raussuchen und davon den Mittelwert bilden. Die Ergebniszahl ist das aktuelle Handicap. Aber es wird wohl beliebter werden, wenn man nach dem Turnier nachschaut, welches Handicap einem der Verbandscomputer ausgerechnet hat.

Ich teile mir derzeit mit 167 anderen Golfern den elftausendneunhundertzweiundneunzigsten Platz im österreichischen Ranking – das hat mir auch der Verbandscomputer ausgerechnet.

Dass die persönliche Spielvorgabe dann wieder für das jeweilige Turnier in die Turniervorgabe umgerechnet wird, traue ich mir fast nicht mehr zu sagen, denn es braucht nicht mehr viel und es werden Verschwörungstheorien aufkommen, dass die europäischen Rechner von amerikanischen Algorithmen infiltriert wurden, vor lauter verschwörerischer Umrechnungskomplexität.

Ich glaube, ich brauche nicht zu erwähnen, dass es bei Profis kein Handicap, keine Vorgabe bzw. auch keinen Nachlass gibt, obwohl Letzterer oft sehr dringend gebraucht werden würde.

7.

Der Golfschwung

Der Golfschwung ist eine Bewegung,
die man während des Spiels verlernen kann.

Der Mensch hat ein eingebautes Gen zur Selbstoptimierung resultierend aus kollektivem und individuellem Lernen. Dem gemeinsamen Lernen, insbesondere dem Abschauen oder Nachahmen von anderen, und der Bestätigung durch andere kommt dabei die weitaus größte Bedeutung zu. Die Lernbestätigung reicht von Kritik bis Lob oder Beifall. Die schon besprochene Lobpflicht unter den Mitspielern führt bei Golf naturgemäß zum Zu- und vor allem Abschauen. Das heißt, man schaut sich von den anderen Spielern alles Gute, aber auch jeden Blödsinn ab, was tatsächlich zu einer Art Durchschnittsschwung führt. Dies trotz der Tatsache, dass jeder seinen eigenen Schwung entwickelt, der manchmal auf große Distanz zu erkennen ist – aber selten zu großen Distanzen führt. Es ist eine beachtliche Rechenleistung in unserem Zentralprozessor, dass wir unsere Mitmenschen nicht nur am Gesicht, sondern auch am (Golf-) Schwung- und Gangbild erkennen.

In einem meiner Handbücher habe ich gelesen, dass beim Golfschwung 124 von insgesamt 434 Muskeln beansprucht werden. Ich weiß nicht, wer das gezählt hat, aber dieses Zählen war sowas von umsonst und ist noch unnötiger als das Zählen aller schlechten

Golfschwünge. Diese Information könnte man nur noch gröber pervertieren, indem man misst, wie viel Gehirnrechenleistung zur Ansteuerung der 124 Muskeln notwendig ist. Einfacher ist unser Copy&Paste Lernalgorithmus – ich nehme den Schwung, den ich gerade gesehen habe, und übertrage diese Vorlage – unser Gehirn ist super.

Es soll schon geholfen haben, wenn man sich vor der Runde ein Video seines Lieblingsspielers anschaut und versucht den oder die nachzumachen. Die Kopiervorlage hält oft 3 bis 4 Löcher, bis sie langsam wieder in die des Mitspielers mutiert.

Wesentlich verwirrender ist allerdings das Anschauen von YouTube Videos, die mit einem Secret Move den Schwungsuchenden Heilung versprechen. Ich habe in meiner YouTube Mediathek erst kürzlich wieder ausgemistet, damit ich unter 100 Golfschwunganleitungsvideos bleibe. Aber ich schaue mir die aufgehobenen im Schnitt auch nur 1,01-mal an. Fälschlicherweise war ich der Ansicht, dass sich durch das Klicken von „Speichern“ mein Gehirn angesprochen fühlt. Gott sei Dank hat das Gehirn auch ein gut funktionierendes Löschsystem, sonst wäre ich bereits zugemüllt. Ich gestehe allerdings ein, dass ich oft auf die Golfgedankenentsorgungsstation, sprich Driving Range gehe, um einen neuen Schwunggedanken auszuprobieren. Nachdem ich mich davon überzeugt habe, dass er bei mir nicht funktioniert, wird gelöscht – und es geht zurück auf LOS.

Apropos Los. Es lässt sich leider nicht mehr richtig nachvollziehen, wie der Golfschwung entstanden und warum er so entstanden ist. Sprich, ein stehender Körper schaut auf einen ruhenden kleinen Ball und dann haut der Delinquent mit einem Stecken auf diesen Ball. Bei allen anderen Ballsportarten bewegt sich zumindest einer von beiden, wo bleibt denn sonst die Sportlichkeit? Bei Golf stand wahrscheinlich die höfisch gelangweilte Gesellschaft im Schlosspark nur so rum, da ja ohnehin das Hauptaugenmerk auf dem Vorführen der Schneider-, Schuh- und Hutmacherkunst lag, abgesehen von Perücken, Gesichtspuder und allerlei Duftstoffe zum Übertünchen des adeligen Gestanks (nicht umsonst heißt die stinkende Mistbrühe, die die Bauern auf den Feldern neben dem Golfplatz ausbringen, auch Adel). So gesehen ließ eine elegante Handbewegung zum Schlagen eines Balls das Gesamtkörper- und Kleidungskunstwerk in nur noch besserem Licht erscheinen.

Mit der Kleidung war das lange so eine Sache, denn eine Sportkleidung im heutigen pseudo-funktionellen Sinn gab es nicht. Man wählte eher eine für das Betreten des noblen Clubhaues angemessene Kleidung und es war nicht vorgesehen, dass man sich für das Golfspiel umzog. Vielleicht hat auch die hochattraktive Haute Couture die Damen so lange von der Teilnahme am Sport abgehalten, weil man sich in den Miedern und steifen Röcken wirklich kaum bewegen konnte – das ist aber unbelegt.

Den einzigen leider nicht ernstzunehmenden Beleg, dass man den Golfschwung auch anders angelegen könnte, in diesem Fall bewegter Körper und ruhender Ball, findet sich in der Filmkomödie Happy Gilmore. Dort rennt der von Adam Sandler dargestellte ungehobelte Hockeyspieler Gilmore auf den Golfball zu. Grundsätzlich verständlich, denn jeder, der irgendwas weit werfen möchte, tut das auch und nimmt Anlauf. Diesem Happy Gilmore, der zudem alle Anstandsregeln über Bord wirft, gelingt es den Ball unheimlich weit zu schlagen. Im Prinzip ist sogar was dran, denn durch das Rennen muss man Arme und Hände bis zum Schluss zurückhalten, was im sonstigen Golferleben nicht einfach ist. Die Technik hat sich aber trotzdem weder als Jux noch ernsthaft durchgesetzt.

Unser Club hat sich aus der Komödie den Namen entlehnt und die wöchentlich stattfindenden Dienstagnachmittag Clubturniere Happy Gilmore genannt. Bei der Einführung gab es allerdings massive Diskussionen und Bedenken der Vertreter des Royal & Ancient Lagers, die mit diesem Namen einen Sitten- bzw. Etikettenverfall hereinbrechen sahen. Mein Orthopäde hat für mich die Diskussion auf den Punkt gebracht: „Für so einen Namen haben unsere Golfgestrengen einfach nicht die Elastizität!"

Apropos Elastizität, nicht nur in der Happy Gilmore Filmkomödie, sonder auch im Golfalltagsleben ist das Wichtigste beim Golfschwung die Weite des Ballfluges – so steht es in den männlichen Genen. Allen voran natürlich beim Abschlag.

Damit wir bei der Diskussion des Golfschwungs vorankommen, müssen wir ein paar Einteilungen treffen und uns mit etwas mehr Detailliebe an den Golfschwung heranpirschen.

Die erste Einteilung betrifft den Zweck des Golfschwungs:

a) Abschlag

Jede Spielbahn – auch Loch genannt, weil dieses am Ende der Spielbahn liegt und der Ball dort hineinsoll – hat einen markierten Anfangsbereich, den man Abschlag nennt und von dort macht man dann den namensgleichen Abschlag. Das Tee (mit englischer Aussprache) ist ein kleines Stück Holz oder Plastik, auf das man beim Abschlag den Ball legen darf. Auf Hinweisschildern, wo es zum nächsten Abschlag geht, steht aber selten „Hier zum nächsten Abschlag", sondern Tee 1 bis Tee 18, je nachdem.

On a golf tour in Ireland, Tiger Woods drives his BMW into a petrol station in a remote part of the Irish countryside. The pump attendant, obviously knows nothing about golf, greets him in a typical Irish manner completely unaware of who the golfing pro is. „Top of the mornin' to yer, sir", says the attendant. Tiger nods a quick „hello" and bends forward to pick up the nozzle. As he does so, two tees fall out of his shirt pocket onto the ground. „What are those?", asks the attendant. „They're called tees", replies Tiger. „Well, what on the god's earth are dey for?", inquires the Irishman. „They're for resting my balls on when I'm driving", says Tiger. „Fookin Jaysus", says the Irishman, „BMW thinks of everything!"

Bei etwa zwei Drittel der Löcher nimmt man am Abschlag den Driver, zuvor nimmt man ein langes Tee, legt den Ball drauf und dann haut man mit dem Schläger drauf. Die Absicht ist glasklar: weit und gerade – Mitte Fairway. Da ein gerader Schlag selten gelingt – interessanter Weise gibt es für den geraden Schlag ob seiner Rarität nicht einmal einen Namen –, ist das Ergebnis, wenn es kein echter Versemmler ist, entweder ein Slice, Fade, Draw oder Hook. Sprich, er geht in einem Bogen ordentlich nach rechts, mittelrechts, mittellinks oder ganz links (für Rechtshänder – für Linkshänder andersrum). Ein Slice ist selten gewollt, aber das am meisten gesehene Ergebnis, wenn man sehr weit schlagen möchte. Es gibt diesen Schlag in 3 Varianten. Er ist leider so kurz, dass nix passiert ist, zweitens er geht ins Rough oder er ist drittens so weit rechts, dass er im Graben landet oder ins Aus geflogen ist (sprich außerhalb des Erlaubten, manchmal sogar wirklich beim Nachbarn, der gerne ein Schild aufstellt – **PRIVAT – Betreten verboten** (er ist garantiert ureigenster Vertreter der Disziplinargesellschaft)). Gerne kann zur Ablenkung im Bedarfsfall eingeflochten werden, dass besagter Nachbar ein wirklich komischer Zeitgenosse ist.

Drives machen etwa 15% der Schläge aus. Bei einem Spielergebnis von 100, wären das etwa 13 reguläre Drives, ein Mulligan und ein Ersatzdrive, wenn der erste sicher im Nirwana ist. Alternativ gibt es noch einen provisorischen Drive, der gespielt wird, wenn der erste Ball in schwerem Dickicht oder gar im AUS gelandet sein könnte und ein Nichtfinden die Konsequenz hätte, dass man wieder zurück zum Abschlag für einen erneuten Abschlag rennen muss. Der Ersatz Drive gelingt dann – always play the second ball first. Manchmal findet sich auch der erste Ball – doch noch – irgendwie.

Jene Abschläge, bei denen das Grün ohne Driver direkt angegriffen wird, fallen unter die Kategorie b).

b) Fairway Schlag oder Schlag aufs Grün

Mit diesem Schlag muss man in aller Regel noch ordentlich Meter machen, aber er könnte theoretisch auch bereits zu weit gehen. Zu den Unsicherheiten des Golfschwungs an sich gesellt sich demnach noch die Möglichkeit der falschen Schlägerwahl. „Wie weit ist es noch?“, ist eine beliebte Fragestellung, die manche durch GPS-Uhren und anderes Messwerkzeug zu beantworten wissen. Zusätzlich gibt es distanzanzeigende Pflöcke am Rand, oft auch Angaben auf Sprinklerdosen am Fairway und nicht zu vergessen Augenmaß. Die 131 m sollten machbar sein – ein 7er oder doch ein 6er Eisen. Oder doch nur ein 8er, denn es weht ja ein bisschen Rückenwind. Hätte doch das 7er nehmen sollen.

Sagen wir mal auch so um die 15 Schläge, denn sehr oft kommt nach dem ersten Schlag kein Fairway Schlag sondern die Variante e).

c) Chip oder Pitch

Diese beiden Schläge gibt es nur, weil die gut gemeinten Schläge b) im Praxistest noch Schwächen zeigen und nicht ganz bis zum Grün gekommen sind und die Schläge e) sowieso keine Chance hatten aufs Grün zu kommen.

Also es handelt sich um alle kürzeren Schläge, wo man sozusagen nicht mehr voll draufhaut und man bevorzugt Wedges nimmt. Die Dosis macht hier das Spiel – und nona wieder die Schlägerwahl, Pitching Wedge, Sand Wedge, manche haben ein Lob Wedge. Das hat aber nichts mit Loben zu tun.

Variiert natürlich von Runde zu Runde gewaltig, aber könnten auch um die 15 Schläge sein.

d) Putt

Endlich liegt man am Grün und der Ball muss nur ins Loch rollen. Diese Rollbewegung wird mit dem Putter ausgelöst – bleiben wir ehrgeizig – pro Loch mit 2 Schlägen (ist gleich Putts), also 36 Putts insgesamt (wird sich im Schnitt nicht ausgehen). Die Ausführung des Putts selbst begründet sich auf einer vorherigen Lesung des Grüns, sprich einer peniblen Einschätzung, welche Verwerfungen, Ondolierungen, Neigungen und Graslängen das Rollverhalten beeinflussen, nachdem der Putter dieses durch wohldosiertes alle Faktoren berücksichtigendes Schwingen ausgelöst hat. Sollte der Ball im Loch landen, so verursacht dies einen wohltuenden Klang, der durch „Ball trifft auf Plastikdose" hervorgerufen wird. Nicht umsonst liegt in Asien oft zusätzlich eine Metallglocke am Boden des Lochs, um durch ein noch schöneres Läuten die Zielerreichungsbotschaft zu verkünden.

e) Schlag aus tiefem Rough, Penalty Area, Bunker, Schräglage, Wald

Da man mit a) bis d) noch keine Hundert Schläge beieinanderhat, bleiben im wirklichen Golf also etwa 20 Schläge übrig, die man getrost als Sonderlösungen bezeichnen kann. Der Blumenstrauß an Überraschungen, die diese Schläge hinsichtlich Balllage und dadurch bedingten Verrenkungen haben, ist die wahre Vielfalt und Würze bei Golf. Bunker sind sogar so angelegt, dass sie das Grün „verteidigen", sprich, der Golfplatzdesigner rechnet fix damit, dass der Großteil der Schläge in diesen Bunkern landet. Von der Vielfalt der Schlagergebnisse ganz zu schweigen. Manche Balllage am Bunkerrand soll auch schon Spieler an den Verzweiflungsrand getrieben haben, da beim Schlagversuch die Bunkerbegrenzung ein Herausfliegen des Balls verhinderte und er als Folge wieder etwa dorthin zurückrollte, wo er vorher lag. Mehrmals.

Die zweite Unterteilungsmöglichkeit betrifft die einzelnen Phasen des Schwungs. Leider gibt es keine Priorisierung hinsichtlich Wichtigkeit.

I. Ansprechhaltung

In dieser Phase hätte man noch Entscheidungsmöglichkeiten hinsichtlich unzähliger wesentlicher Kriterien, wie Neigungswinkel Oberkörper, Kopfhaltung, Standbreite, wie tief ist man in den Knien, Abstand zum Ball, mehr in der Mitte oder vorne, Füße gerade oder nach außen gedreht, Arme hängen oder verlängern den Schläger ohne Winkel und und und. Es gibt Tage, da finden wir ohne besonderes Nachdenken die für uns passende Ansprechhaltung. Diese Tage sind super. Man soll zwar den Ball ansprechen, wirklich gesprochen wird in der Haltung trotz des Namens aber nicht. Über den Ball allerdings schon, denn man möchte irgendwie doch eine gewisse Beziehung zum Ball aufbauen. „Das sind meine Lieblingsbälle", sagt meine Frau gerne, wenn Marke, irgendeine Verzierung oder Logo und ihre Stimmung zusammenpassen. Die Einsamkeit des Golfers während des Ansprechens kommt jedenfalls schon irgendwie der Angst des Tormanns beim Elfmeter gleich.

II. Griff

Die Unterteilung starker und schwacher Griff betrifft nicht die Stärke des Zugreifens, auf die es natürlich auch ankommt, sondern eine gewisse Verdrehung der Hände um die Schlägerachse. In späterer Folge will man sich ja darauf verlassen können, dass der Griff der Grund ist, warum das Schlägerblatt in perfektem Winkel auf den Ball trifft – ist nur ein kleines Detail, aber ein paar Grad Abweichung können sehr unbeabsichtigte Konsequenzen haben. Zusätzlich kommt die Frage, ob und wie man die Hände beim Griff verlinken soll, sprich, wie weit sich linker Zeigefinger und rechter kleiner Finger überkreuzen sollen. Grifftheoretiker wissen zum Beispiel viel über die Bedeutung des Daumens, den rechten für Rechtshänder. Also auf keinen Fall soll der Daumen drücken, sonst entwinkelt man viel zu früh. Wenn man nach langer Pause wieder einmal Hilfe beim Pro sucht, beginnt die Stunde gerne mit einer Griffumstellung. Die Bedeutung kann man erahnen, denn jetzt ist plötzlich alles anders. Und da rede ich noch gar nicht vom Putten, da wird die Griffpalette erst richtig facettenreich.

III. Auf-oder Rückschwung

Jetzt geht's los. Sobald der Rückschwung eingeleitet wird, gibt es de facto kein Zurück mehr. Man könnte theoretisch nochmal abbrechen, das geschieht aber höchstens, wenn ein mittelgroßes Insekt daherkommt und einen Angriff startet. Ansonsten wird ein Gefühl, dass eine Kleinigkeit aus der Ansprechhaltung den Rückschwungverlauf beeinträchtigt, eher dadurch kompensiert, dass man ohne Übergang mit aller Kraft und verfrüht den Durchschwung startet.

IV. Übergang

Jetzt wird es heikel. Da der Rückschwung nicht auf derselben Schwungebene erfolgt wie der Durchschwung, muss dazwischen etwas passieren. Abgesehen davon, dass selbst jene, die auf derselben Schwungbahn schwingen wollen (One plane swing), es in der Praxis nicht schaffen, muss man irgendwie von der Umlaufbahn Mars auf die Umlaufbahn Erde. Jetzt kommen vielfach der Unterkörper, Hüfte, Knie usw. ins Spiel oder irgendwas ganz Anderes – Pobacken nicht zu vergessen. Manche ignorieren den Übergang, andere machen am Endpunkt des Rückschwungs eine kurze Pause und nennen das, was in der Pause passiert, den Übergang. Sei's, wie's sei. Zum Zeitpunkt des Übergangs ändert sich die Richtung.

V. Durchschwung (mit oder ohne Release)

Jetzt aber wirklich. Wenn der Ball weit fliegen soll, muss Energie her. Dieser gespürte Energiebedarf ist das eigentliche Dilemma. Denn die Intuition legt nahe, dass wir primär jene Muskeln verwenden, die nahe am Objekt, also am Schläger sind, sprich Hände und Arme. Wir hauen drauf, Frauen mit Gefühl und tendenziell sogar mit besserem Rhythmus, Männer primär fest.

Wir kennen das Ergebnis. Die Mühsal, diese Intuition durch eine gänzlich andere Muskelbenutzungsabfolge zu durchbrechen, nennt man die Suche nach dem Golfschwung. Experten bringen auch gerne den Release ins Spiel, sprich eine bei Amateuren selten vorkommenden Phase, wo der Schlägerkopf auf Grund der durch Arme und Schaft verursachten Bewegungsgeometrie eine günstige zusätzliche Fliehkraftbeschleunigung erfährt, die nicht auf Muskelkraft beruht – oder so ähnlich.

VI. Finish

Das Finish hat 2 Zwecke. Erstens verrät es ein klein wenig, wie viel vorher richtig gemacht wurde, und zweitens schaut ein Finish mit Pose ohne Umfalltendenz einfach schön aus. Es ist nach der Ansprechphase die zeitlich längste Phase. Kombiniert mit dem hoffentlich noch längeren Ballflug ist es für die mitspielenden Zuschauer die Gelegenheit, ihre Belobigung auszudrücken.

Die wichtigste und dritte Einteilung betrifft die in der Praxis hervorgezauberten Schwünge:

A. Der Probeschwung

Das Schöne ist, dass sich Probeschwünge unabhängig von ihren tatsächlichen Qualitäten oder Simulationen eines Echtschwunges tendenziell gut anfühlen und gut ausschauen. Ohne Ball ist es so leicht entspannt zu sein, die Drehung passt und überhaupt gibt es bis dato keine brauchbaren Erklärungen dafür, warum das gesamte Schwungverhalten beim richtigen Golfschwung so katastrophal abweichen kann. Nur wegen dem depperten Ball.

B. Der Glückstreffer

Oder aber es kommt ganz anders und ER kommt, der langverdiente, heiß ersehnte, super weite Glückstreffer. Man hat nicht den blassesten Schimmer, was man jetzt anders gemacht hat, der Schlägerkopf fährt butterweich durch, der Ball steigt super hoch auf, der Mitspieler lobt, die Menge, wenn auch nicht vorhanden, tobt. Das eigene Strahlen findet sich im Flight wieder. Man vergisst das Tee.

C. Der gelungene Schwung

Auf den Schwung hat man gewartet, denn er ist im Einklang mit der Bewegung, die man vorhatte zu machen, da ist auch was Athletisches dabei. DER hat einen Zug, es ist der Schwung, den man sich abspeichern möchte, der einem das Selbstvertrauen gibt, dass man es kann. Der ist nicht einfach nur so gelungen, der war von Kopf bis Fuß gespielt und umgekehrt. Für diesen Schwung bräuchte man nicht einmal ein Lob, der erklärt sich von selbst. Er ist der Kick.

D. Der irgendwie noch getroffene Schlag (z.B. Bruzzler)

Leider folgt auf C gerne D. Gerade ist der Ball noch sowas vom Schlägerblatt geflogen, und diese Spur extra Energie, die man beim nächsten Schlag noch drauflegt, kommt an, aber irgendwie nicht beim Ball. Und so getroffen ist man wieder auf den Boden der Realität zurückgeworfen, nur ins Semirough Gott sei Dank. Die Bereitschaft, wieder auf die Driving Range zu gehen, steigt mit sich wiederholenden D) Schwüngen, wird aber praktisch nur von denen gemacht, die auch wegen C auf die Driving Range gehen.

E. Der Totalversemmler (welcher Art auch immer)

Man muss es selbst erlebt haben und erlebt es dann auch, dass nicht einer, sondern zwei hintereinander echt in die Binsen gehen. Wo man nach ABCD Schlägen nicht versteht, warum jetzt wieder solche Katastrophen passieren. Man wollte diese Versager schon letzte Saison loswerden. Niemand weiß genau, warum das „Jetzt geht gar nichts mehr"-Phänomen quasi hinter jedem Grasbüschel lauern kann – bei jedem Wetter, also auch bei strahlendem Sonnenschein und besten alltagssorgenfreien

Bedingungen. Jeder Golfer kann davon befallen werden – hinterrücks. Dieser Schlag gilt zwar offiziell als nicht-ansteckend, aber ansteckende Unruhe soll sich schon verbreitet haben. Auf die psychologische Verdauung und Aufarbeitung werde ich weiter hinten noch eingehen.

Die oft unerklärliche Aufteilung der Schwünge auf die Kategorien A bis E wird gerne irgendwelchen Mythen zugeschrieben, aber der Mythos „Der richtige Golfschwung ist ein Mythos" ist in sich genauso ein Mythos, also alles zusammen dreht sich irgendwie im Kreis.

Gehirnforscher sehen es natürlich seriöser und haben nach langer Forschungsarbeit erkannt, was der Golfspieler nach kurzer Zeit weiß, dass wir nämlich komplexe Bewegungen in einem Gehirnteil abspeichern, der vom erzählerischen Gehirn getrennt ist – das Bewegungsgehirn arbeitet weitgehend autonom. Sonst würden wir bei jedem Nachdenken gleich ins Stolpern geraten, weil wir das Gehen vernachlässigen. Wir tun uns umgekehrt auch schwer Informationen aus unserem Bewegungsgehirn herauszuhacken, beispielsweise um jemand anderem zu erklären, wie wir laufen. Man kann es versuchen zu „denken", aber selbst bei noch so ausgefeilter detaillierter Wortwahl im Kopf entspricht das nicht annähernd der echten Muskelansteuerung. Da rede ich jetzt noch gar nicht davon, dass das jetzt noch in Echtsprache übersetzt und kommuniziert werden muss und dabei in so einem Fall eine Übertragungsproblematik entsteht, die ihresgleichen sucht. Und rückkoppelnd heißt das auch, dass sich das Bewegungsgehirn sehr unbeeindruckt zeigt, wenn wir glauben, wir haben uns mit unserer rationalen Hälfte ein super Bewegungsmuster ausgedacht, das wir ins Bewegungsgehirn einspeisen können.

Das bleibt die Erkenntnis. Mit einer sprachlich verfassten Erklärung können wir viel weniger Bewegungsveränderung erreichen, als wir glauben. Höchstens Freunde vor dem Schlag aus dem Konzept bringen. Manche sagen, ein letzter Gedanke (aus der rationalen Welt) sei möglich, bevor wir das Bewegungsgehirn übernehmen lassen. Andere sagen, wenn man gar nichts denkt, geht es am besten. Aber sei's, wie's sei – das Bewegungsgehirn sucht sich seine eigenen Schlägerbewegungswege. Im Kapitel Driving Range werden ich diese Problematik noch etwas vertiefen.

Mögen einem die Totalversemmler den letzten Nerv rauben, so kommen doch erfreulicherweise die Leichtigkeit und Treffsicherheit nach kurzer Zeit zurück, auch bei jenen, die sich nicht zu den Schwungsuchenden zählen. Meine Frau trainiert nicht, geht nicht auf die Driving Range und gewinnt trotzdem ganz schön oft (gegen mich). Den Suchenden wie mir steht dafür ein gigantisches Reservoir an Literatur und Lehrvideos zur Verfügung, Pros umgarnen einen und Insider Dialoge lassen Tiefenkenntnis erahnen. Und tatsächlich – Golf gehört zu jenen Sportarten, wo auch Alter und kleine Wehwehchen nicht verhindern, dass die beste Runde noch vor einem liegt.

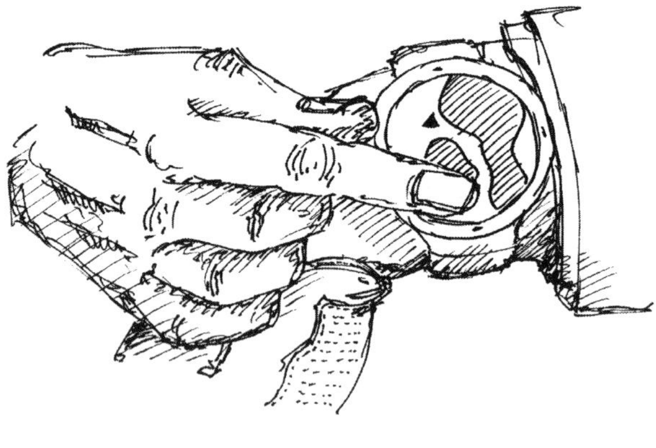

8.

Die Spieler

Spielen Sie schon Golf oder haben Sie noch Sex.

Kaiser Franz Josef hat unsere Frauen unterschätzt – wenn er davon sprach, dass Golf langweilig sein müsse. Die Statistik – und da wir wären wieder beim Zählen – besagt, dass Österreich mit 35 % knapp vor Deutschland und der Schweiz die europäisch höchste golferische Frauenquote aufweist, zumindest laut dem *kpmg Golf Participation Report 2018*. Der europäische Schnitt liegt bei etwa 25 % Frauen – also unsere Frauen sind schon mit ganz anderem Schwung in die Männerdomäne eingedrungen. Meinen Recherchen zufolge ist der österreichische Frauenanteil sogar weltweit am höchsten, denn selbst die wirklich golfverliebten AmerikanerInnen und KoreanerInnen schaffen diese Quote nicht. Dass es in unserem Club einen Damenanteil von 38 % gibt, ist unter diesem Gesichtspunkt schon fast Gleichstellung.

Dass die zahlenverliebten Statistiktabellengenerierer Österreich bezogen auf Golfer pro Einwohner auch auf einem besseren Platz als die Schweiz und Deutschland eintragen müssen, sei wegen der kleinen Rivalität der drei Länder erwähnt. Allerdings sind 1,3 % golfspielende Österreicher gerade mal okay. Da wäre schon noch Luft nach oben. Dafür bildet Deutschland nur knapp hinter England die absolut größte Gruppe an Golfern im alten Europa, in der Post Brexit EU klare Nummer eins.

Da diese Zahlen so weit, so gut sind, muss natürlich auch noch eine bitterere Pille her. 80% der Golfer sind über 40, 40% der Golfer sogar über 60 Jahre alt – Tendenz weiter steigend. Die Frage nach Sex oder Golf hielt ich früher für scherzhaft, sie arbeitet sich aber langsam in die Berechtigungszone vor. In der gesellschaftlichen Postmoderne ist der Sport definitiv nicht angekommen. Es gibt nur standardisierte geregelte Bahnen – keine Abkürzung, weder Free Style noch Free Ride. Außer einem gelegentlich Free Drop ist nichts Free. Unser neuer Clubwirt hat den Restaurantnamen „Albatros" (der Name drückt in der Golfersprache ein absurd unrealistisches Lochergebnis mit 3 Schlägen unter PAR aus) in „freedrop" umgewandelt – welch ein Symbol, ein postmodernes.

Dafür ist so ein Golfplatz auch ein Geheimtipp für nicht mehr ganz so junge Alleinstehende. Trotz des Umstandes, dass die Konkurrenz durch den höheren lokalen Frauenanteil für partnerwahlmotivierte Golferinnen größer ist, sind die Chancen beim Golf, nochmal unter die Haube zu kommen, intakt wie sonst nirgendwo und definitiv auch unabhängig vom jeweiligen Handicap. Dass man gleich noch einen schönen gemeinsamen Zeitvertreib mit in die Beziehungskiste gelegt bekommt, wird überwiegend als Vorteil gesehen. Sinn für gutes Essen allein wäre ohnehin zu wenig (nona gilt auch für suchende Männer).

Scheidungen haben wir natürlich auch schon gesehen, aber selten wegen der nervigen Partnerverbesserungsgelüste, die sich bei Golf in Form von aufdringlichen Ratschlägen äußern können. Meist steckt der (Irr-)Glaube an eine Gesamtsituationsverbesserung dahinter.

Bei einem Candlelight Dinner fragt die Frau ihren Mann: „Schatz, würdest du dir eigentlich eine neue Frau suchen, wenn ich vor dir sterbe?" „Ich weiß nicht, wahrscheinlich nicht", antwortet der Mann. „Würdest du mit ihr auch wieder unser Ehebett teilen?", fragt sie weiter. „Na ja, das ist wirklich schwer zu beantworten, aber das eher nicht", versucht sich der Mann aus dieser

Penalty Area zu retten. „Und würdest du ihr auch meine Golfschläger geben, mit denen wir gemeinsam so viele schöne Runden gespielt haben?", insistiert sie weiter. „Sicher nicht, mein Schatz, sie ist Linkshänderin."

Zurück zum Generellen. Auf der Welt gibt es etwa 60 Millionen Golfer, darunter die gesellschaftliche High Society, die Erben der Gentlemen Golfers of Leith, der Gentlemen Golfers of St. Andrews, die stinkreichen Amerikaner, die bei irgendeinem Donald Trump Club Mitglied sind oder nach seiner Präsidentschaft ausgetreten sind, und die ehrenwerten Mitglieder irgendeines ältesten Golfclubs in irgendeinem Land. Golf hat seit Anbeginn versucht sich elitär & alt zu geben, was den gesellschaftlichen Stand der Golfer betrifft. Das war naturgemäß immer losgelöst vom sportlichen Niveau. Die leicht prinzenhafte Geschichte des Sports spiegelt sich jedoch nur mehr selten in einzelnen grauslich versnobten und verstaubten Einzelcharakteren wider. Es gibt vereinzelt noch Clubs, die sich aussuchen können und wollen, wer ein Mitglied wird, weil die Altmitglieder unter sich bleiben wollen. Für den überwiegenden Teil der Golfclubs gilt das allerdings nicht mehr, sie kämpfen mit Mühsal und Diskont für Frische und gegen den biologischen Mitgliederschwund.

Denn irgendwie ist schon sehr viel Blattgold vom Golfblatt abgeblättert und die gesellschaftlichen Dämme sind endlich aufgebrochen. Die unverbesserlichen Musketiere, Ritter einer edlen Verbindung, noble Väter hiesiger Altclubs sind am Aussterben oder werden in den Wandlungsprozessen zu Randgruppen innerhalb der Randgruppe Golf. Der Edle bleibt natürlich auch als Miniminderheit der Edle, aber irgendwie taucht auch bei Golf ein anderer Free Spirit auf. Vielleicht hing doch auch der Begriff Etikette nur mehr als Ballast an den alten Regelbuchstaben und die interaktive Dynamik folgt einem neuen ethischen Code. Es muss sich was ändern, damit es so bleibt, wie es ist. Junge Spieler sind im Anmarsch, free choice.

Beruflich bedingte Vielreisetätigkeit hat bewirkt, dass ich mit Flightpartnern aus sehr vielen Herkunftsländern gespielt habe. Ich möchte keine Runde missen und allen ein sehr gutes Zeugnis mit hohen Sympathienoten ausstellen. Natürlich gibt es Knausrige und Großzügige und Aufgeschlossene und Snobs, die glauben auf einem besonderen Sockel zu stehen. Dennoch scheint es irgendwie so, dass der Respekt vor dem eigenen Versagen auch einen gewissen Respekt gegenüber den Mitspielern erzeugt, den der eine oder andere im Alltagsleben so nicht zu zeigen imstande ist. Es überwiegen einfach die netten Leute, bei weitem.

Spezielle körperliche Voraussetzungen sind für Golf nicht Bedingung und selbst Gewichtsverliebte werden genauso passable Golfer wie gertenschlanke Bergsteiger. Auch mit dem Alter ist der Abfall an golferischer Leistungsfähigkeit deutlich geringer als bei fast allen anderen Sportarten. Es sind in fast jedem Club über 70-jährige Damen oder Herren zu finden, die zu den besten im Club zählen, davon spielt der eine oder die andere überraschend frisch mit neuer Hüfte. Es ist sicherlich der Grund, warum der Sport gerade bei Senioren und Seniorinnen so beliebt ist. Und es gibt gar nicht wenige, die sich mit allen möglichen Gelenkschmerzen über den Golfplatz plagen, die aber überzeugt sind, dass es ihnen ohne diese Mühe noch schlechter gehen würde.

Die Zahl der aktiven Spieler – und das ist bei Golf durch die Registrierung leicht zu erfassen – ist 2020 das erste Mal seit langer Zeit wieder gestiegen. Die Reiseeinschränkungen und der aufs Zuschauen begrenzte Kontakt haben wahrscheinlich das ihre dazu beigetragen, dass der eine oder die andere auf der Suche nach gesunden Ausgleichsmöglichkeiten war. Schnell entdeckt man, dass es einen wunderschönen Golfplatz gibt, der gar nicht weit weg ist.

Selbstfindung durch Free Style Aktivitäten bleibt natürlich eine harte Konkurrenz. Ob den Free Stylern irgendwann die Nischen ausgehen werden oder sich das Niveau in den Nischen weiter ins immer noch Extremere steigert, bleibt abzuwarten. Denn auch ihr angestrebter Lohn ist Anerkennung, halt mit Likes für GoPro

Videos auf YouTube. Da muss man mittlerweile aber ordentlich was bieten. Interessanter Weise war meine Generation hinsichtlich Frei-Körperkultur relativ aufgeschlossen und wir sind in meiner Jugend alle nackt in die kalte Steyr zum Schwimmen gegangen und haben uns mit dem Fluss abtreiben lassen, um dann auffällig den Badenixen entlang zurückzuschreiten. FKK-Optionen gab es überall – wir waren diesbezüglich very free and easy. Meine Kinder sind hingegen prüde geworden, FKK geht gar nicht. Über das von fast allen geschätzte Gut der individuellen Freiheit als zentralen Baustein der westlichen Kultur könnte ich jetzt stundenlang philosophieren. Der digitale Fortschritt mit den Clouds und Algorithmen schleicht sich jedenfalls freiheitsbedrohlich heran. Die Pandemie setzt eines obendrauf und hat zu einem plötzlichen Freiheitsentzug geführt. Im Sommer 2020 haben tatsächlich einige Mitspieler erwähnt, dass sie sich unter den gegebenen Randumständen am Golfplatz frei fühlen. Wer hätte das gedacht.

Der Flügelverleiher Red Bull hat letztes Jahr sogar seine Musketiere ausgeschickt, um zu prüfen, ob nicht doch auch Golf zum Red Bull Image passen würde. Noch ist nichts draus geworden. Die Trend Scouts und Musketiere müssen noch nachdenken, aber die Generation Wodka Bull wird auch älter.

Ob free oder angepasst – Selbstfindung war noch nie ein Leichtes, wie wir auch im nächsten Kapitel sehen werden.

9.

Selbstoptimierung & Schummeln

Golf ist ein aufrichtiger Sport.

Einer ultimativen Selbstfindung, und es scheiden sich die Geister, ob es die überhaupt gibt, geht zunächst die kleine Schwester, nämlich die Selbstoptimierung, voraus. Dieser Selbstoptimierungsdrang, der sich bei manchen in Training und Suche nach dem besseren Schwung entlädt, hat bei sehr vielen auch noch ein anderes Ventil. Manchmal muss man das Leben ein bisschen stupsen, insbesondere wenn im golferischen Alltag zum unverschuldeten Unglück des Fehlschlages noch andere Unglücksumstände dazukommen, wie blöd weggesprungen, liegt im Wald neben einer Wurzel, grad halt im Aus, im superdicken Rough, ist nicht zu finden, muss aber da sein.

Die Abwehr dieses Missgeschicks ruft allzu leicht eine tief verwurzelte menschliche Fähigkeit auf den Plan, die bei Golf eine besondere Blüte erlebt – das Schummeln. Wohlgemerkt, wir reden von Amateurgolf und Wald- und Wiesenturnieren. Natürlich gibt es Superehrliche und vereinzelt notorische Schwindler, die im ganzen Club bekannt sind. Hier betrachten wir das durchschnittliche Verhalten, das bei Golf hinsichtlich dieses Aspektes allerdings sehr breit ist. Passiv kenne ich niemanden, der nicht einen Vorfall schon miterleben durfte und davon zu erzählen weiß, unabhängig was sich daraus für Konsequenzen ergeben haben.

So verwunderlich ist das auch wieder nicht, denn heute wissen wir, dass die kleine Lüge einen wesentlichen Bestandteil der Charakterbildung darstellt. Wenn ein Kind, sagen wir mit 4 Jahren, noch nicht in der Lage ist zu sagen: „Ich war's nicht!", läuft in seiner Entwicklung etwas verkehrt. Die Schulzeit führt als Nächstes zu interessanten Blüten irgendwelcher Schummelzettel und anderer Selbstoptimierungstechniken. Unter Erwachsenen wird gemunkelt, dass die Worte „Ich dich auch" wohl am häufigsten helfen sollen mit leichter Unwahrheit über die (Beziehungs-)Runden zu kommen.

Der wohl renommierteste Wissenschaftler auf dem Gebiet der Schummelforschung ist der amerikanisch-israelische Psychologe Dan Ariely.

Seine Forschung beschäftigt sich insbesondere mit Schummeln auf geringem moralischem Verfehlungsniveau, das dem Einzelnen weiterhin erlaubt sich als aufrichtiger geradliniger Mensch zu fühlen. Hochinteressant sind seine Experimente zu dem von ihm kreierten Fudge Factor. In unzähligen Experimenten misst er Begleitumstände, die das Verhalten ehrlicher machen oder die Schummeltendenz verstärken – und das wäre dann der Fudge Factor.

In seinem Bestseller „The (honest) truth about dishonesty" widmet er Golf weit vorne ein ganzes Kapitel. Ich oute mich hier als großer Fan seiner Thesen und habe unzählige Vorträge von ihm gesehen. Leider scheint er selbst kein Golfer zu sein, denn er beleuchtet zu wenige Aspekte des Spiels. Seine Fragenkomplexe betreffen Verbesserung der Balllage, Mulligan und falsche Mitschrift. Schummelmöglichkeitsmäßig ist das eindeutig zu kurz gegriffen. Aber natürlich werde ich seine Erkenntnisse aus diesen Themen in weiterer Folge einfließen lassen.

Eine Zusatzerkenntnis aus seinem Buch sei aber vorangestellt. Die Golfer schummeln sogar über ihr eigenes Schummeln. Denn augenscheinlich wissen sie, wie viel geschummelt wird, aber es gibt sich jeder Einzelne deutlich ehrlicher als der Durchschnitt. In etwa zwölftausend Befragungen zeigte sich, dass man 23% der anderen Golfer im „Bedarfsfall" zutraut die Balllage zu verbessern, es geben aber nur 8% zu diese „Maßnahme" selbst eingesetzt zu haben. Bei allen anderen Aspekten ist dieses Missverhältnis sogar noch deutlich größer. Also den Golfern ist der kindliche Ur-Schummelansatz „Ich (war's) nicht" definitiv erhalten geblieben oder er bricht bei Golf wieder aus.

Aber beginnen wir die Runde auf Loch 1 – mit einem Mulligan. Ich denke, dass jeder Golfer bereits in seinen ersten Golftagen mit dem Mulligan vertraut gemacht wurde und wird. Das ist sozusagen der „Wir verzeihen dir" Aufnahmeritus. Die Legende besagt, dass in den letzten allenthalben wilden Zwanzigern der kanadische Golfer David Mulligan auf dem Royal Montreal Golf Club mit seinem Abschlag unglücklich war, nochmals aufteete und es einen „correction shot" nannte. Seine Partner befanden allerdings die Bezeichnung „Mulligan" als besser geeignet, nicht ahnend, dass dieser Name für eine Wiederholung ohne Konsequenzen Weltkarriere machen würde. Die gesamte Grauzonenbereitschaft drückt der Mulligan wunderbar aus, denn er wird überwiegend nicht genommen, sondern sogar gegeben, das heißt, die Spielpartner kommen überein, dass er genommen werden darf – manchmal sogar ein Flying Mulligan (gilt natürlich nur für Freundschaftsrunden, bei Turnieren, nona nie und nimmer). Ich habe übrigens den bereits 1873 gegründeten Royal Montreal Golf Club mit Ehrfurcht kurz vor Corona gespielt, aber vergessen den dort im Starterhaus sitzenden Überwacher der Tagesbefindlichkeit zu fragen, wie es mit den Mulligans weitergegangen ist. Es ist, wie es ist, beim ersten Abschlag vergisst man immer alles – überhaupt, wenn einer im Starterhaus sitzt und zuschaut.

Man könnte den Mulligan also den akzeptierten, kollektiven Korrekturtechniken zuordnen. Ähnlich wie ein Gimme (kurz für Give me) – sprich, ein nur ganz knapp vor dem Loch liegender Ball braucht nicht eingelocht zu werden, sondern wird geschenkt. Es könnte ja noch weiß Gott was alles schiefgehen. Man kann zwar bei einem Lochwettspiel dem Gegner einen Lochgewinn und damit auch einen Putt schenken, bei einem Zählwettspiel geht das nicht. Trotzdem ist in vielen Ländern ein Gimme auch bei solchen Turnieren nicht auszurotten. Und es kommt nicht nur in Ländern vor, bei denen das Verkehrschaos bei der Anreise bereits auf eine kulturell sehr andere Regelinterpretation schließen lässt. Ein regelwidrig bedingtes Verkehrschaos wäre dann ein verstärkenden Fudge Factor, der gleich die gesamte Gruppe infiziert. Natürlich gibt es ein Gimme im superkorrekten deutschsprachigen Raum NICHT, denn da herrscht eine tiefe Basiskorrektheit. Viele meiner deutschen Freunde konnten dem Verkehr in Shanghai, der auf einem schwer zu beschreibenden, aber sehr gut funktionierendem Flow Prinzip basiert, nichts abgewinnen. „Hier hält sich ja keiner an die Regeln!"

Sehr großzügiges und günstiges Legen eines Balls neben der Penalty Area (früher Wasser) und generelles Besserlegen sind etwa andere subkulturelle Erscheinungen, die je nach Kulturkreis von mehr oder weniger großer Toleranz geprägt sind.

Interessanterweise können sich Spieler, die aus einem Land mit strengem Kodex kommen, sehr schnell „toleranten" Interpretationen anschließen, etwa großzügige Gimmes oder Besserlegen. Überraschend funktioniert es auch umgekehrt, meine asiatischen Freunde haben sofort akzeptiert, dass es bei uns keine Gimme's gibt, und waren in der Folge fast auf Überkorrektheit bedacht. Den golfkulturellen Fudge Factor gibt es mit positivem und negativem Vorzeichen.

Kommen wir langsam zum inneren Kern des Schummelns, also der individuellen versteckten Vorteilsnahme und schauen wir auf verschiedene Motivationslagen. Interessanter Weise verschwinden bei den Individualtechniken auch die Kulturunterschiede. So habe ich bislang noch nirgends eine herausragende Zurückhaltung entdeckt.

Im Folgenden einige Schummelgründe ohne besondere Reihung:

1. Rettung vor der Blamage

In unserer schulischen Karriere war für den einen oder die andere die einzige Prüfungsvorbereitung das Schreiben von Schummelzetteln oder Beschriftung von Unterarmen und Handinnenflächen. Man wollte nur durchkommen, mit einem Vierer war man dabei. Golf ist blöder, weil man nicht genau weiß, wie viel Punkte man braucht, um nicht Letzter oder Letzte zu werden. Aber wenn man nach 9 Löchern bei den Stablefordpunkte noch einstellig ist, kann es peinlich werden. Also braucht man ein paar rettende Bogeys oder Doppelbogeys. Wie, ist natürlich ein anderes Thema, aber der ausgestrahlte Frust lässt vielleicht schon Mitleid aufkommen und man erhofft sogar ein wenig Weg- bzw. Nachsehen bei kleinen Begünstigungen oder Schlagvergessen – gewinnen kann man eh nicht mehr.

2. Ansteckung

Man trifft schon manchmal auf sehr selbstbewusste Persönlichkeiten und es braucht tatsächlich für gutes Schummeln Chuzpe, Bestimmtheit und Raffinesse. Aber die Arroganz, die zu den beiden erstgenannten Eigenschaften führt, opfert leider meist die dritte. Aus der Raffinesse kann sogar Plumpheit werden. Den Ball im Graben identifiziert er – dann legt er ihn sich sowas von besser, gräbt ihn mit dem folgenden Schlag noch tiefer ein, scheitert mit dem nächsten Schlag abermals und dropped ihn dann großzügig außerhalb des Grabens. DER rechnet sich dann für das gesamte Grabenabenteuer 1 Strafschlag. Es ist belastend, mit welchem Selbstbewusstsein der oder die am Schluss 6 schreit, obwohl es 9, eigentlich 10 Schläge gewesen sein müssen. Ein Zähler mit mittlerem Polizistengehabe kann ihn zum Nachzählen animieren, was vielleicht zu 7 führt, aber mehr ist in Friedenszeiten nicht drin. Dem früheren amerikanischen Präsidenten Donald Trump wird auch diese Imbalance bei den Charaktereigenschaften nachgesagt, was abgesehen von politischen Ausreißern auch zu massivem Schummeln beim Golf geführt haben soll.

Solche Typen rufen allerdings im Flight den Fudge Factor auf den Plan, denn wenn der sich 7 schreibt, habe ich nur 6, weil dasselbe kann jetzt nicht sein – wirklich nicht.

Den Experimenten Ariely's zufolge gibt es allerdings auch den umgekehrten Effekt. Sollte man nämlich befinden, dass so ein schummliger Mitspieler, der bei allen Sympathieprüfungen durchgefallen ist, hier wirklich nichts verloren hat (oder nochmal der Donald Trump, der könnte für beides herhalten), kann das auch dazu führen, dass die übrigen Mitspieler zu einer frischen Tages-Ehrlichkeit auflaufen, weil sie sich von diesem Charakter distanzieren möchten.

3. Eindämmung der Enttäuschung/Frustration

Tendenziell sind die meisten Schummelentscheidungen zwar vorsätzlich, aber nicht von langer Hand geplant. Sie werden in Ausnahmesituationen mit leicht zittrigen Knien und Nervenflattern entschieden. Man sucht jetzt schon 3 min länger als die reguläre Suchzeit und es war so ein schöner Schlag und bisher hat alles gepasst. Und da liegt jetzt ein Ball, aber nicht der meine. Oder doch.

Und wenn die Wurzel im Wald nicht rasch genug vermodert, muss manchmal das physisch Eingreifende über das biologisch Entwickelnde triumphieren bzw. der Waldgeist kann das runde Plastik für kurze Zeit golffreundlich legen. Im finsteren Wald kann vieles unbemerkt passieren.

Unter den Gerechten und Ehrlichen gibt es natürlich die These, dass sich diese Minihilfen durch ausbleibendes Glück bei den nächsten Löchern rächen. Es mag so sein, aber in aller Regel sind das Leben und die Statistik komplizierter und nicht alles Unrecht wird geahndet. Da es mir an profunden diesbezüglichen

Statistiken mangelt, entlehne ich von Ariely diesen Witz, angepasst auf unseren Kulturkreis.

Ein junger Mann geht zum Pfarrer und beklagt sich, dass ihm letzte Woche sein Fahrrad vor der Kirche gestohlen wurde. Der Pfarrer meint, dass es schon auch möglich sei, dass jemand aus der Pfarrgemeinde diese Verfehlung begangen habe. Er empfiehlt dem jungen Mann nächste Woche in die Hl. Messe zu kommen und sich vorne an die Seite zu setzen. Er als Pfarrer werde wieder einmal die 10 Gebote in Erinnerung rufen und wenn er zum 7. Gebot „Du sollst nicht stehlen" komme, möge der junge Mann in die Gemeinde blicken. Wenn der Dieb da ist, werde er sich durch seine Reaktion verraten. Sonntags darauf fragt der Pfarrer, ob sein Plan aufgegangen sei. „Ja!", antwortet der junge Mann freudestrahlend, „beim 6. Gebot ‚Du sollst nicht ehebrechen' ist mir eingefallen, wo ich das Fahrrad habe stehen lassen."

4. Handicap Verbesserung

Gute Menschen lernen anderen Menschen Fehler zu verzeihen, aber es ist verdammt schwierig sich selbst die vielen Fehlschläge zu verzeihen. Daher kommt irgendwie auch die Krux mit dem Handicap – man hätte eben gerne ein besseres Handicap, weil es beweisen würde, dass man ein besserer Golfer ist. Sichtbar beweisen. Die Schmach, dieses Handicap in weiterer Folge nicht mehr zu „erspielen", ist eine bittere Pille, aber wo gibt es schon Glanz und Glorie ohne einen leichten Anflug von Bitterkeit. Und geschluckt wird hierzulande sowieso gerne, nicht nur Pillen.

Golf ist ein Sport, also braucht es Ehrgeiz, manchmal stand ich auf Tee 1 und einer formulierte laut: „Heute schreiben wir uns alle runter." Wir kennen diesen Unterton, obwohl ich mir nie sicher war, ob das ein „Schlachtruf" ist á la „Vorwärts Männer" oder ein versteckter Toleranzaufruf zu einer entspannten

Zählweise. Na ja, manche verdienen sich ein besseres Handicap, echt jetzt.

5. Siegesgelüste

Ganz vorne, also bei den Sieganwärtern und Gewinnern, gibt es natürlich erst recht Ehrgeiz und besondere Gefühle. Ganze Nationen werden gesperrt, weil irgendein Dopingskandal auffliegt, Körper und Schicksale zerstört. Golf ist weitgehend außen vor, was Doping anbelangt, aber wer ein Sieger-Gen hat, hat auch ein Zerstörer-Gen. Schlachten wurde nie auf Basis von Fairness gewonnen und ein taktisches Foul ist im Sport kein Fremdwort. Golf ist natürlich ein Gentlemen Sport, aber wie wir schon bei Happy Gilmore gesehen haben, braucht es manchmal was Übernatürliches, um Sieger zu werden. Da sich die Übernatürlichkeiten im Alltag nicht herbeizaubern lassen, bleibt ein klitzekleines Restrisiko, dass an einer klitzekleinen Stelle nachgeholfen wurde. Golfer brauchen jedenfalls keine Drogen, sie können nüchtern schummeln.

Ergänzend zu den Motivationslagen seien auch noch die 10 populärsten Schummelarten aufgeführt.

1. Besserlegen* (überall nämlich: am Fairway, aus dem Aus, in der Penalty Area …)
2. Aktives Vergessen eines durchgeführten Schlages (meist den kurzen Bruzzler oder den dritten Schlag im Sand)
3. Ignorieren eines Strafschlages
4. Falschen Ball finden und umdeklarieren
   a. Zufällig irgendeinen anderen
   b. Einen selbst neu gelegten
5. Großzügiges Droppen außerhalb der Penalty Area
6. Schenken eines Putts – Gimme
7. Mulligan
8. Zielzählgerichtetes Erreichen eines Doppel-Bogeys (inklusive Vortäuschung einer gewissenhaften Nachzählung)
9. Regelhinwegsetzung oder Umdeutung mit Charme oder Chuzpe

10. Schlampige Befüllung der Scorekarte (eigene bessere Erinnerung, nachdem man 3 Löcher nachtragen muss oder Großzügigkeit basierend auf Mitleid der Mitspieler, wenn eh schon nichts mehr geht)

**Laut der Untersuchung von Ariely macht es zudem einen Unterschied, wie besser gelegt wird. Mit der Hand, durch einen Stupser mit dem Fuß oder mit dem Schläger. Seiner Erkenntnis nach nimmt das schlechte Gewissen in der angegebenen Reihenfolge deutlich ab. Umso weiter man von der kleinen Unmoral weg ist, umso besser bleibt die Gesamtintegrität geschützt. So seine auch vielfach experimentell belegte Erkenntnis. Der kleine Tritt mit dem Fuß hat schon mal den Beinamen Lederwedge bekommen oder Italian Caddy (sehr selten – ist ja diskriminierend).*

Golf bleibt eben ein Spiel – mit durchwegs nicht üblichen, aber vorkommenden Korrekturmöglichkeiten für seltene Widrigkeiten. Die genauso oft vorkommenden glücklichen Umstände werden fast ausschließlich dem eigenen Können zugerechnet. Wie das Leben halt so schön spielt.

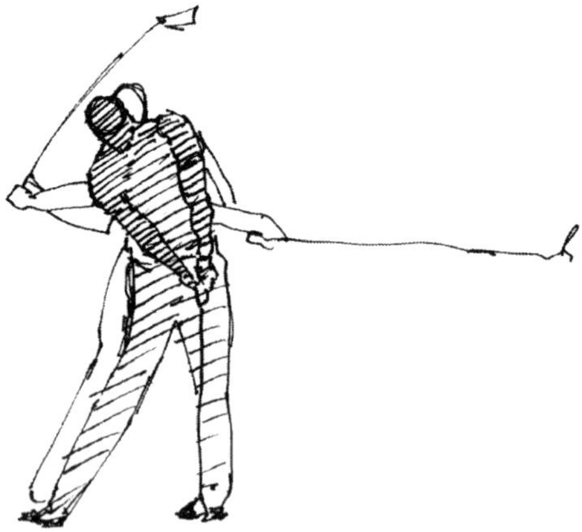

10.

„Maybe Water" - Halfway mit den Shanghai Golfern

Golf bietet eine Halfway Stärkung.

So wie wir die Halfway Jause und die Pause auslassen können, so können Sie, liebe Leser, auch dieses Kapitel überspringen. Aber da ich 5 Jahre in Shanghai gelebt und gespielt habe und das Drumherum so wirklich anders ist, muss ich erzähldrangdringlich davon berichten.

Mir ist bewusst, dass die Subgruppe der Golfer, die Golfreisen nach Asien unternimmt, überschaubar ist – am ehesten noch Thailand, weil da gibt es schon recht günstige Gesamtangebote. Golfreisen nach China stehen bei den Europäern weniger am Speiseplan, obwohl es sich wegen des Essens lohnen würde. Sie sind dafür bei Koreanern und Japanern beliebt, weil nah und billig. Das eine oder andere Megagolfressort wie Mission Hills in Shenzhen oder das Spring City Golf & Lake Ressorts in der Yunnan Provinz lebt schon von dieser Zielgruppe.

Aber zunächst der Reihe nach. Meine Pfade verschlugen mich nach vielen Berufsjahren mit unzähligen Chinareisen komplett nach Shanghai. Mühsam und zunächst natürlich auch nicht mit Priorität eins lernte ich erst so nach und nach Geschäftspartner kennen, die mich auf verschiedene sogenannte Membership Courts einluden, also Golfplätze, die nur Mitgliedern und deren Gästen offenstehen. Aber alles zusammen war das einfach zu selten.

Zum Durchhalten gibt es nur einen kleinen öffentlichen 9-Loch Platz in Hongqiao in Shanghai. Da spielt man sozusagen zwischen den Wolkenkratzern und kommt sich vor wie in einer Karikatur von Mordillo, der dort von Wolkenkratzerdach zu Wolkenkratzerdach spielt. Einen echten Aufschwung nach dem durchaus holprigen Einstieg sollte schließlich der Besuch eines großen Turniers bringen. Ein HSBC Tournament auf dem wunderschönen Platz in Sheshan im Westen von Shanghai war die Gelegenheit – mein erster Golfturnierbesuch überhaupt. Sicherlich einer der nobelsten Plätze in China, aber ironischer Weise kann man mit der U-Bahn hinfahren, sozusagen ein Öffi-Golfplatz. Anreisepremiere obendrauf. Der einzige sich heimisch anfühlende Spieler, bei dem wir kurzfristig zu einem Fan mutieren konnten, war Martin Kaymer. So trabten meine Frau und ich im Zuschauerbereich an seiner Seite und da waren – welch Überraschung – plötzlich auch andere Deutschsprechende unter dem Gefolge auszunehmen. Das übliche Geplänkel über „woher kommt ihr und was macht ihr hier" mündete in eine Freundschaft mit Sepp Reith, der, welch Zufall, auch oberösterreichische Wurzeln hat. Er verhalf mir in weiterer Folge zu einer halben Mitgliedschaft im ***Shanghai Agile Michelson International Club,*** ohne dass ich die horrende Einschreibgebühr hinblättern musste – 20 km südlich vom Flughafen in Pudong – für mich ideal, eine Stunde Fahrzeit (allerdings nicht mit Öffis zu erreichen).

Das Rundendrumherum fühlt sich in China ganz anders an, da packt mich jetzt noch verklärte Erinnerung und der dazu passende Erzähldrang, damit ich das loswerde – ein Halfway Pausen Füller sozusagen.

Weil mit einem sozialistischen China, wie wir es uns im Westen gerne vorstellen, hat das nichts zu tun. Abgesehen davon ist Shanghai zu einer besonderen futuristischen Moderne aufgelaufen, deren urbane Entwicklungsdynamik niemand erahnen konnte. Waren früher Singapur und Hongkong das Maß für funktionierende Mega-Metropolen, ist das heute Shanghai.

Zurück zum Golfressort. Am Geländeeingang salutiert ein Wachposten und man fährt zur Einstimmung eine 1,8 km lange Allee entlang. Das „Stadt entflohen“ Feeling wird zusätzlich durch einen großen Vorpark aufgebaut, wo man sich nochmals 2 km durchschlängelt. Das mit den Parks, das beherrschen die Chinesen. Sie sind irgendwie gute Gärtner und Designer. Schließlich erreicht man die Auffahrt zum schlossartigen Clubhaus. Zwei, drei flotte junge, meist weibliche Caddys eilen herbei, fragen nach Namen und Startzeit und laden die Bags aus. Man parkt ein (oder der Fahrer), checkt im Clubhaus ein, wird mit einem Chip versorgt, auf den alle Extras gebucht werden und der als Schlüssel für den Umkleidebereich fungiert. In diesem Spa ähnlichen Bereich wartet ein nett gekleideter Herr, der einem bei der Suche nach dem Kästchen hilft.

Eventuell noch ein kurzer Espresso auf dem Weg zur Caddystation. Dort sind sie dann! In großer Zahl, in Reih und Glied: die Caddys und die Carts. Erstere einheitlich gekleidet mit Helm, alles langarm- und langbeinlich, denn Sonne verträgt sich nicht mit dem zarten weißen Teint. Also echt jetzt, die Chinesinnen möchten so wenig wie möglich Sonnenstrahlung auf die Haut abbekommen. Strand und Sonne gehen gar nicht. Die Caddy Chefin teilt einem Cart und Caddy zu. Manchmal jeder einen Caddy, manchmal auch nur einen pro Cart. Die laden die Bags aufs Cart und los geht's. Man fährt selbst, Caddys stehen hinten auf dem Cart, zwischendurch kann man auch selber gehen, dann fahren die Caddys. Der Caddy oder eigentlich die Caddeuse ist wirklich super. Sie bringt einem den Schläger, das Tee, macht mit gebotener Vorsicht (mit größter Richtigkeit) Vorschläge zur Schlägerwahl, die man gerne zum eigenen Nachteil in den Wind schlägt. Sie sagt alle Distanzen an UND putzt und richtet den Ball am Green aus, mit Kenntnis und Hingabe.

Noch großartiger ist, dass die Caddeuse die zentrale Mitspielerfunktion „Schauen & Loben, Suchen & Finden" hochprofessionell übernimmt. Sie stehen dann zu viert, brav aufgereiht am Rande des Abschlages und sehen und beobachten und loben alles, wirklich alles.

Da wir Europäer, sportlich wie wir sind, gerne am Fairway gegangen sind, muss die Caddeuse ganz schön rennen, denn die Carts dürfen meist nur am Rand fahren und sie muss immer die richtigen Schläger hereinbringen, Mitte Fairway nona, wo hätten wir sonst hinschießen sollen. Die meisten machen eine Vormittags- und eine Nachmittagsschicht, sind wirklich gut trainiert und spielen in aller Regel weitaus besser Golf als der betreute Spieler.

Das gesamt Jangtse-Delta, das den Großraum Shanghai charakterisiert, ist Sumpfgebiet. Also es gibt Wasser, Wasser und noch mehr Wasser, ersatzweise Bunker, oft gleich drei, die mitten am Fairway gegen den Abschläger gerichtet sind. Man spielt also wieder einmal an einem langen Teich entlang, irgendwann ist es so weit, der Slice kann nicht mehr abgewendet werden. Es spritzt mit Freude, die Enten steigen auf. Die Höflichkeit im Land des Lächelns läuft zur Hochform auf und die Caddeuse sagt vorsichtig: „Maybe water, Sir." Die ersten Male habe ich ja tatsächlich geglaubt, der Schlag ist sich VIELLEICHT ausgegangen, der Ball wäre wirklich irgendwie wieder rausgesprungen und ich habe es nur nicht gesehen, weil es oft diesig ist bei so viel Wasser. Also Hoffnung ist ohnehin ein fixer Teil des Golfschwungs, die beginnt deutlich vor dem Schwung und bleibt bestehen, bis der Golfball gelandet bzw. bis er gefunden ist, wenn er flugbedingt aus dem Landungsblickwinkel verschwunden sein sollte.

Da der Suchvorgang auch vorwiegend von der Caddeuse übernommen wird, strahlen meine Anti-Find Gefühle natürlich viel weniger negative Energie aus. Das ist schon eine Erleichterung.

漂亮 (Piao liang – wunderschön) sind alle Schläge, auch die mittelguten, 老板球 (Lao ban qiu – wörtlich der Ball eines Chefs, der eben nicht so viel trainieren kann) heißen alle Schläge, die man gerne ungeschlagen machen würde.

[Mo:i:gan] möchte man zwar nicht zu oft hören, aber wenn es denn sein muss. So schlecht kann die Aussprache nicht sein, dass man es nicht versteht.

Die Caddeuse befüllt natürlich auch die Scorekarte und notiert nur die Schläge über Par, also 0, +1, +2, +3, +4. Ist leichter beim Zusammenzählen. -1 gibt es demnach auch, bleibt aber selten. Die Schreibweise der Mädels insgesamt darf man als freundlich bewerten. Obwohl in China Trinkgeld generell nicht üblich ist, bekommen die Caddeusen doch eins. Wer 4 Stunden rennt, schaut, bringt, lobt, Bunker glättet, Bälle fischt, findet, putzt, legt und die Sekretärfunktion übernimmt, hat eines verdient. In Erwartung der kleinen Belohnung werden sie sich erst recht nicht unglücklich verschreiben.

Zurück in der Umkleide bringt einem der nette Herr ein Handtuch und ein Plastiksackerl für die nassen Sachen (Die Anti-Plastik Bewegung ist auch in China im Anflug, wird am Golfplatz aber erst später ankommen). Höflich nimmt er die Golfschuhe an sich und nach der Dusche stehen sie frisch geputzt vorm Kästchen. Die Caddeusen haben unbemerkt und unbeobachtet mittlerweile die Schläger geputzt und allenfalls gefunden, was man im Cart vergessen hat.

Es gibt jetzt noch einen Drink und wer mag, kann westliches oder chinesisches Essen im Clubrestaurant bestellen. Auschecken hat dann so ein Hotellobby Flair. Man holt das Auto, fährt wieder vor, die Caddeusen laden die Bags ein und verabschieden sich mit Winken und Lächeln. Obwohl ich kulturell leider einer etwas abgebrühten vielgereisten Managerzunft angehöre, hat mich so ein Moment oft geflashed – mehr als das Spiel. Das Trinkgeld für die Caddeusen wird am Ende des Monats in

Summe höher sein als der Lohn der chinesischen Fabrikarbeiter. Gerechtigkeit ist sowieso ein anderes Thema – nicht nur beim Golf.

Mein Golffreund wurde leider nach Istanbul versetzt, meine Frau weilte gerade in Österreich und ich wäre fast wieder in ein golferisches Loch gefallen. Doch wie aus heiterem Himmel stieß ich auf die Shanghai Golfers, einen Verein von Expats, der 2001 gegründet wurde. Kein eigener Golfplatz, aber es wird jeden Samstag auf einem von etwa 10 verschiedenen Plätzen in und um Shanghai ein Turnier gespielt. Das Programm steht für ein ganzes Jahr fest. Zur Shanghai Golfers Grundausstattung gehört ein Leiberl, ein Kapperl, eine Pitchgabel und ein Bag Anhänger, alles mit Logo. Die Mitglieder sind eine bunte Mischung, viele arbeiten bei internationalen Konzernen, die einen Sitz in Shanghai haben. Beim clubeigenen Ryder Cup spielt Europa gegen den Rest der Welt, das geht sich etwa halbe-halbe aus. Bei den wöchentlichen Turnieren gibt es alles. Bier, Zigarren, Whiskey, Gimmes und eine wahrlich gelöste Stimmung.

Die Sieger werden mit einer guten Flasche importiertem Wein geehrt. Der und die Letzte bekommen ein Kapperl mit der Aufschrift DFL (damn' fucking last). Für die meisten geht es mit dem Bus wieder zurück und der Abend klingt in einem Pub in der Innenstadt aus. Die DFL Kapperl MÜSSEN an diesem Abend im Pub getragen werden – very british sense of humor. Erregungen hinsichtlich möglicher Mogelpackungen, was die Scorekarte betrifft, gibt es nicht. Gentlemens Golf – no need for further comment.

Der jetzige Präsident Elmar Geiger, der in so einem Umfeld alles Organisatorische in Balance hält und vorantreibt, ist Deutscher. Er arbeitet für einen amerikanischen Autobauer, ist mit einer Japanerin verheiratet und lebt seit Jahren in Shanghai. Ein Deutscher mit vielen Extras sozusagen. Erfreulicherweise bin ich mit ihm noch immer in sehr regem Austausch – via WeChat. Das ist DIE chinesische Social Media Plattform. Funktionell ein „Best of“ aus Facebook, WhatsApp und Google Pay, bei dem der chinesische Staat draufschaut, dass alles regelkonform kommuniziert wird.

Daheim ist es natürlich am schönsten, sagen wir gerne in den heimischen Bergen, aber nicht immer und nicht nur.

II.

Golfturniere

Golf ist ein Wettkampf gegen sich selbst.

Mit den *Shanghai Golfers* kann man „nur" Turniere spielen. Daheim kann man alles. Ein Turnier hat zwar definitiv noch einen kleinen Extrakick im Vergleich zu einer Freundschafts- oder Pärchenrunde, aber die Zahl der Golfer, die sich nicht oder nicht mehr dieser Anspannung aussetzen wollen, ist größer, als man glaubt. Wir haben einige ältere Semester in unserem Club, die fast täglich spielen und es wahrlich genießen, sich aber aus dem Turnier- und Clubgeschehen völlig zurückgenommen haben.

Golf so anzulegen ist definitiv legitim und vor allem für die gesundheitlichen Aspekte des Golfspiels braucht es keinen Wettbewerb. Im Gegenteil, es hat schon der eine oder andere seinen Turniererfolg so abgefeiert, dass die feierbedingte körperliche Belastung die Golfrundenertüchtigung völlig ruiniert hat. Dieses Phänomen soll es allerdings auch bei Misserfolgen und Ergebnislagen dazwischen geben.

Trotz mancher Wettbewerbsaversion sind allerdings Golfturniere das Salz in der Suppe. Die Zahl der jährlichen Wettbewerbe ist unglaublich und bei keinem anderen Amateursport gibt es so eine Dichte. Golf ist ein Turniersport, doch jeder spielt gegen sich selbst, sagt man. Also gegen sein Handicap und seine Ehre. Wenn du betrügst, betrügst du dich selbst. Verletzungen der eigenen Ehre sind zwar auch Verletzungen, aber nicht notwendiger Weise stolzmindernd. Zudem wird trotz möglicher, vielleicht doch nicht beweisbarer Überschreitungen die rote Karte, sprich Disqualifikation, sehr, sehr selten gezogen. Man könnte schon sagen ein ausgesprochener Konsequenzlosigkeitsschlendrian sei durchgängig. Da kommt es häufiger vor, dass eine Scorekarte nach dem Turnier nicht abgegeben wird, denn eine mögliche Letztplatzierung mit so wenigen Punkten wäre erst wirklich verletzend, Stolz inklusive. Ein DFL Kapperl für den Letzten – wie bei den Shanghai Golfers – würden wir kulturell in den Alpen nicht aushalten.

Die meisten Clubs veranstalten jede Woche mindestens 2 Turniere und viele unserer Mitglieder warten Ende des Winters schon gespannt auf den Turnierkalender. Nona auch in Erwartung des geselligen Teils.

Das Turnierwesen muss man aber etwas ausleuchten, um das ehrgeizliche Treiben besser zu verstehen. Ehrgeiz für die Hälfte der Mitglieder, wenn es hochkommt, der aber dann richtig.

Beginnen wir mit den kleinen Turnieren und steigern uns in etwa der Beliebtheitsskala entlang.

Ursprünglich für Einsteiger gedacht, haben wir „9-Loch-Schnitzel" Turniere ins Leben gerufen. Sonntagnachmittag, Start ab 15 Uhr, es gibt hinterher tatsächlich ein Wiener Schnitzel und die Einsteiger können parallel zum Verzehr des Schnitzels ihren Erzähldrang voll ausleben. Offene Regelauslegungsprobleme, die dann eben noch frisch sind, werden so nebenbei diskutiert und manche Regel wird einer Gerechtigkeitssinnprobe unterzogen. Die Sätze beginnen hierzulande mit: „Also wie ist das jetzt, wenn der Ball so … dort … und da liegt" – natürlich nur theoretisch. Praktisch haben es ohnehin alle so gemacht, wie es sich gehört hätte. Mittlerweile spielt ein recht nettes Grüppchen diese Turniere, man könne sich leichter runterschreiben, heißt es, 2 Stunden hält man besser durch. Einmal im Monat.

Ein Unter-der-Woche Turnier gibt es in fast allen Clubs, bei uns das dienstägliche Happy Gilmore Turnier. Die anfängliche Diskussion zur umstrittenen Namensgebung ist verflogen und irgendwie ist auch der Film fast vergessen. Der sich prügelnde Gilmore ist ohne Aufhebens vom Heldensockel gefallen und in Vergessenheit geraten. Das Turnier ist meist unspektakulär und für alle, die sowieso Zeit haben oder sich frei nehmen können. Sportlich wertvoll. Einmal die Woche.

Turnierserien, etwa Verbandsturniere á la Austrian Amateur Open oder das Turnier der Golfschule, sind dann die Klassiker. Hier geht es um die Guten, um die Local Heroes und jene, denen heute Spitzenrunden gelungen sind – eine wirkliche Handicap-Verbesserung, ein „Runterschreiben", man hat sich selbst „outperformed". Dort sind Siegerehrungen immer besonders nett, leichte Anspannung, weil man ja nicht weiß, ob die erhoffte gute Platzierung nicht durch die eine oder andere Überraschung vereitelt werden könnte. Viel Applaus. Die Bruttosieger sind zwar die üblichen Verdächtigen, aber die Nettosieger eben nicht, da gibt es Unerwartetes. Eine Kopie der Ergebnisliste wird an jeden Tisch verteilt und wird penibel studiert – es entsteht fast eine Trinkpause. Diese Liste wird wie alle anderen natürlich im Internet publiziert – Transparenz ist alles.

Heißer geht es bei Werbeturnieren á la BMW Golf Cup und Charity Turnieren her. Da werden Geselligkeit und Anfütterung in die Sportlichkeit integriert. Oder umgekehrt – vor lauter Prosecco, Startgeschenken, Halfway Verpflegung und großzügigem Free flow der heimischen Winzerprodukte vergisst mancher die golferische Anspannung und seine Platzierung auf der Ergebnisliste – sprich, die Sportlichkeit zerfließt in der Geselligkeit. Für ein Hole in One auf Bahn 14 hätte es ein Auto gegeben (für das sich der lokale Autohändler versichern lässt). Der ewig belächelte und doch begehrte Bringer ist dann eine abendliche Tombola, auf die alle bis 22 Uhr warten und wo es neben Superpreisen die x-te Trinkflasche und ein Leiberl zu gewinnen gibt. Die österreichische Redewendung: „Da hast du kein

Leiberl", die für allgemeine Chancenlosigkeit steht, kommt vielleicht von den Tombolas. Die Lose gibt es käuflich, bei der Greenshotwette mit Begleitschnaps, beim Puttingwettbewerb. Meine Frau hat beim letzten Rotary Charity Turnier ein Paar Rennski gewonnen, hat sie dann unserem Sohn überlassen. „Irgendwie sind die Golfer schon sehr verwöhnt", meinte einmal der Bürgermeister bei der Siegerehrung der Stadtmeisterschaften, weil die Keramikteller für die Sieger als zu keramisch beklagt wurden. Sponsoren bekommen zwar nicht direkt einen Mulligan, aber irgendwas schon. Ist ja für einen guten Zweck. Golf ist Gott sei Dank so ungefährlich, dass nie im Ansatz diskutiert wurde, ob der Alkoholausschank während der Runde limitiert werden sollte. Nach der Runde natürlich sowieso nicht – wäre ja noch schöner.

Die fast beliebteste Turnierkategorie sind nicht-vorgabewirksame, das sind für das Handicap nicht gewertete Turniere in Pärchen- oder anderen Teammodi. Die Turniere werden noch mit Spezialitäten, wie Bindfaden, Fähnchen, Schlägerbegrenzung und anderen Lüsternheiten aufgehübscht, sodass der Zufallsfaktor eine wesentliche Rolle spielt und die Einzelleistungen nicht mehr nachvollzogen werden können. Partner können auch zugelost werden, was für manche kurzzeitig zu einer Verbesserung (des eigenen Spiels) führt. Es geht um nichts und doch um Punkte. Punkte sind für Golfer ein Zwischenelixier, bis die Verlierer endlich die Weinbestellung einleiten. Da kann schon was zusammenkommen, an Punkten und an Wein.

Mannschafts- und Clubchallengeturniere sind mit Ausflügen zu anderen Clubs verbunden und – wie soll es anders sein – teamgeistfördernd, ein teures Team Building Seminar ist da nix dagegen.

Apropos Ausflüge – die in Österreich am höchsten frequentierte Turnierserie ist die Seniorenrally, wo ein großer Tross an Herren quer durchs Land reist. Das sind die eigentlichen Repräsentanten des Golfsports, die Mehrheit, die nicht gewählt werden muss, weil man in diese Liga einfach hineinaltert. An diesem Tag quillt der jeweilige Golfclub über. Wer sich nicht rechtzeitig um einen Startplatz kümmert, hat gleich verloren. Ein klein wenig Eitelkeit reist auch gerne mit und kleine Irritierungen können sich zu Elefanten aufblasen. Der Testosteronschwund geht Hand in Hand mit dem Beleidigtsein. Aber wie schon irgendwo anders erwähnt, bei Golf liegt die beste Runde immer noch vor einem und die aktiven Senioren spüren das, ein ewig letzter Kick. Es könnte nämlich genau bei dieser Seniorenrally sein. Dass einzelne Senioren natürlich auch Paradebeispiele des Homo economicus sind, die vom günstigen Tourticket inklusive Menüs angelockt werden, halte ich dabei für kein gutes Ger(i)ücht. Das Damenrallypendant gibt es natürlich auch, aber es ist nicht zu dieser Stärke aufgelaufen, das kann man an dieser Stelle nicht schönschreiben.

Wenn schließlich die Clubmeisterschaft kommt, ist irgendwie der Höhepunkt der Saison erreicht. Der und die Beste des Clubs werden gekürt. Als zusätzlichen Preis gibt es für die beiden je einen beschilderten Parkplatz ganz vorne. Unsere amtierende Clubmeisterin ist 14 Jahre alt. Jetzt hat sie schon mal einen Parkplatz.

Und damit der Wettbewerbsdruck nicht nachlässt, gibt es zwischendurch noch Matchplay – das heißt one against one oder two against two. Lochwettspiel – Schläger zwischen den Zähnen versteht sich. Das veranstaltet jeder Club extra und gibt es auch auf Bundesniveau. Diese offiziellen Match Plays schaffe ich zeitlich nicht mehr, aber ich matche mich immer mit meiner Frau. Ich verliere sehr oft, das ist schon hart. Mir erzählen Paare, dass das nicht gut ausgehen würde bei ihnen, der Haussegen sei in Gefahr und mit einem Verlierer im selben Bett liegen gehe gar nicht. Zu viele Gefühle.

12.

Driving Range

Golf ist eine ewige Suche nach dem richtigen Schwung.

Fast in jedem Golfclub gibt es neben dem Golfplatz auch eine Driving Range, sprich eine Übungsanlage. Zum Üben für lange Schläge, Chippen, Putten, Schläge aus dem Bunker usw. Viele Spieler gehen regelmäßig dorthin, manche nur vor der Runde um ihr Tagesschwunggefühl zu testen, manche gar nicht.

In Megastädten, wie etwa in Shanghai, gibt es auch die eine oder andere Driving Range ohne Golfplatz. Die Range hat Flutlicht und ist von 6 bis 23 Uhr geöffnet. Ich konnte in meiner Shanghaier Zeit am Abend mit dem Rad am Fluss entlang hinfahren, gerade einmal 10 min, für mich eine großartige Abendentspannungsalternative. Es gibt auf 2 Etagen insgesamt fast 100 Abschlagplätze, nona auch aufmerksames Servicepersonal, das einem das Bag zum Abschlagplatz bringt und darauf achtet, dass der Übende immer hinreichend viele Bälle hat, die er rausballern kann. Man bezahlt nach Übungszeit.

„Heureka" („Ich hab's") schrie angeblich Archimides von Syrakus als er im Bade sitzend das Prinzip des Auftriebs entdeckte. Mit seiner Entdeckung war er in der Lage den Goldanteil der königlichen Krone zu bestimmen. Er war so verzückt, dass er gleich nackt durch das Dorf gelaufen sein soll. Irgendwann fand dann die Heuristik Einzug in die Wissenschaft. Die Definitionslage ist nicht ganz einheitlich, aber die Heuristik wird auch als Kunst bezeichnet, mit unvollständigem Wissen und wenig Zeit zu praktikablen Lösungen zu kommen.

Die Bemühungen auf der Driving Range kann man getrost der Heuristik zuordnen. Denn dort versucht man auch mit unvollständigem Wissen und im Aufbau befindlichen Fähigkeiten praktikable Ergebnisse zu erzielen. Manchmal fliegen die Bälle super und man erlebt einen starken Heureka Effekt, an einem guten Tag sogar mehrmals hintereinander. Irgendwo in einem drinnen steckt es: „Ich kann's !!!" Man ist fest überzeugt, dass man endlich DAS Bewegungsmuster entdeckt hat, das man sich nur zu merken braucht. Leider weiß das Sprachhirn nur sehr ungenau, wie Bewegungsmuster funktionieren. „Ich kann's" ist deswegen auch der kürzeste Golferwitz.

Einen sehr interessanten Zugang zur Beschreibung des Sprach- und Bewegungsgehirn-Dilemmas, das uns Golfer besonders plagt, fand der Nobelpreisträger Daniel Kahnemann. Er verwendet für seine zwei Denkwelten einfach die Begriffe System 1 und System 2. Das schnelle Denken des Systems 1 analysiert permanent alle Daten, die über die Sinnesorgane aufgenommen werden und entscheidet, ob Konsequenzen für das physische Handeln notwendig sind. Wir bücken uns, weil der Türstock zu niedrig ist, weichen aus, wenn wir etwas auf uns zufliegen sehen. Dieses System 1 steuert weitgehend den Bewegungsapparat. In sehr schwierigen Situationen und wenn Zeit genug ist, kann es das System 2, das langsame Denken zusätzlich befragen. Das System 2, das eben langsam und vorwiegend faul (energiesparend) arbeitet, widmet sich launenhaft der gestellten Aufgabe oder anderen intellektuellen Themen, wie etwa dem Lösen eines mathematischen Problems, dem Verstehen der Physik für die Energieübertragung auf den Golfball inklusive der relevanten Ballistik oder dem Lesen eines Buches. Das System 2 hat keine Hoheit über System 1, kann aber Teile des Systems 1 ein- und ausschalten. Zum Beispiel kann System 2 System 1 beauftragen loszugehen, weil wir zu einer Verabredung wollen oder das System 1 beauftragen auf den Golfball zu schlagen, weil wir ihn in ein bestimmtes Loch schießen wollen. Aber wir müssen erschreckend stark darauf vertrauen, dass System 1 eigenständig eine Bewegungslösung findet. Obwohl die beiden Systeme sehr unabhängig arbeiten, gibt es in Stresssituationen zwischen den beiden Systemen einen Kampf um Hirnenergieressourcen. Während einer steilen Skiabfahrt kann man keine kniffligen Rechenprobleme lösen und umgekehrt kann man beim Nachdenken über ein diffiziles berufliches Personalproblem keine Bälle jonglieren. Für den Golfschlag braucht das System 1 übrigens auch eine gehörige Portion Energie und will nicht gestört werden. Ruhe bitte.

Kahnemanns Buch *Schnelles Denken, langsames Denken* hat ein langes Sachregister und die einzige Sportart, die dort aufgeführt ist, um auf mehrere Textstellen im Buch zu verweisen, ist Golf. Etwas vermessen, könnte man den Umkehrschluss ziehen, dass nicht einmal der nobelpreistragende Kahnemann bei seinen Denkerklärungsversuchen ohne Golf auskommt. Aber fairerweise geht es ihm nicht um Golf, sondern um das Aufzeigen von Denkillusionen, die sich durch Systemfehler ansammeln. Insbesondere um falsch empfundene Heuristiken, die uns glauben machen, ein Muster zu erkennen, sich aber auf Daten beziehen, die durch kognitive Verzerrungen entstanden sind.

Ein beispielhafte Verzerrung, die wir beim Golfschwung auf der Driving Range häufig erleben, ist die Fokussierungsillusion. Dort fokussieren wir gerne mit System 2 Denken auf ein Element des Golfschwungs und alle Fortschritte, die wir erleben, werden diesem Denkelement zugeordnet. Eine gewisse Zeitperiode – meist nicht allzu lange – glauben wir fest daran, dass in diesem Element das Erfolgsrezept versteckt ist, bis es durch ein anderes Element abgelöst wird. Es soll Golfer geben, die dieses Dilemma erkannt haben und deswegen jegliches Nachdenken vor dem Schwung überhaupt vermeiden (wollen!). Die gesamte verfügbare Gehirnenergie soll uneingeschränkt dem

Bewegungsgehirn zur Verfügung stehen. Klingt logisch. Aber Logik ist System 2 und hilft uns nicht beim Schwung.

Damit ich mich nicht komplett zwischen den Denkwelten verrenne, möchte ich wieder zurück auf die Driving Range und zurück zum Üben, mit und ohne Nachdenken. Es haben ja schon die Grundeinstellungen zum Trainieren mindestens die gleiche Streubreite wie die Drives. Es ist auch eine philosophische Frage, ob das Leben selbst das Training ist, oder ob ich permanent trainieren muss, damit ich so gut sein kann, wie ich werden will. Und ob dieses Wollen überhaupt von mir kommt, oder es sich nur hinter der Sucht nach Anerkennung versteckt. Was ist anders, wenn ich besser bin, ist eben auch eine philosophische Frage. Sind die Guten die Guten oder nur die Besseren die Guten. Der Sprachgebrauch verrät ein bißchen dieses Dilemma, denn ein alter Herr ist nämlich älter als ein älterer Herr. Also ist der gute gleichzeitig der bessere Mensch?

Meine Frau spielt so dahin, sie trainiert nicht, sondern übt beim Spielen. Bei einem offiziellen Turnier ist sie leicht nervös und spielt dann meist ein paar Schläge schlechter als sonst. Mittlerweile glaube ich ernsthaft, dass sie nicht besser spielen würde, wenn sie regelmäßig auf die Driving Range gehen würde. Es würde ihr eine Pflicht und einen Pseudoehrgeiz auferlegen, der ihre Lockerheit rauben würde und damit in gewissem Sinn den Druck erhöhen. Den hält sie dann nicht aus. Man kann auch etwas gern und oft tun ohne den eingebauten Willen darin besser zu werden – das ist sogar die gemütlichere Variante, aber umstritten. Die großen Könner betonen gerne, dass sie schon immer von ihrem Traum beseelt waren, der es ihnen ermöglichte mit hartem Training zu den Besten aufzusteigen. Sportler eher wie Künstler. Ich wähle gerne den künstlerischen Zugang, etwas Training, hoffentlich ein klein wenig Talent und dann warten auf den Flow, den Groove, wie es die Jazzer sagen. Irgendwann muss auch etwas von selbst „gehen", es muss sich fügen, es muss fließen. Ich rede es mir zumindest ein. Man wähle eine Variante nach seiner Fasson. Blöd ist nur, wenn man am Ende seiner Strategie bemerkt, dass man glaubte mit seinem Schritt die Weltendrehung zu verursachen und nach 24 Stunden draufkommt, dass man nicht weitergekommen ist als der, der sich hat einfach mitdrehen lassen. Bei Golf gibt es alles, Schrittmacher und Drehen Lasser. Nachdenktalente und Bewegungstalente.

Vielleicht ist doch das Handicap, diese saublöde Einteilung, die Geißel. Beim Freizeit-Schifahren ist es völlig akzeptabel, dass jemand umsichtig, langsamer und mit etwas mehr Pausen fährt. Rücksichtnahme ist selbstverständlich und Bewertungen sind allenfalls qualitativ „Super Schnee heute". Das Gefühl heute besonders schlecht zu sein, wie es den Golfer allzu leicht beschleicht, gibt es nicht. Das fast konstante Bewußtsein um das eigene Handicap, dass man noch dazu immer erspielen sollte, wie soll das gehen?

Natürlich glauben Driving Range Besucher eine Verbesserung geht nur mit Training. Statistisch haben sie sicher recht. Aber Rechthaber sind in aller Regel zugleich die Unverbesserlichen (wie es der Name eigentlich super ausdrückt). Erst nach 500 Bällen lässt das Bewegungsgehirn mit sich reden, frühestens. Erst dann übernimmt es vielleicht eine, allerdings nur eine Kleinigkeit oder eben einen einzelnen Gedanken und passt seinen Algorithmus an. Wenn es blöd hergeht, optimiert sich der Bewegungsalgorithmus suboptimal und die endlich akzeptierte Änderung erzeugt ein neues Problem, das man vorher nicht hatte. Und da das Bewegungsgehirn nicht zurück kommuniziert, weiß man erst recht wieder nicht, was jetzt nicht so ausgefeilt läuft.

Doch Gott sei Dank gibt es auf der Driving Range viele Hilfen, so könnte es sein, dass der Pro oder ein Freund daherkommt und ein Video macht. Man sollte vorbereitet sein, denn man ist meist schwer ernüchtert, wenn nicht gar entsetzt. Alles was man meinte zu tun, kommt höchstens in Ansätzen zum Vorschein und das musste man sich schon schönreden. Das es so arg ist, hätten wir nicht gedacht. Wir machen noch ein Video, etwas besser. Aber Hand aufs Herz, das Bewegungsgehirn ist so stur und setzt nicht einmal den einen Gedanken, den wir so intensiv verfolgt haben, ordentlich um. Zudem betrügt uns das eigene Rückkopplungsgefühl. Von diesem Gefühl hätten wir mehr Verlässlichkeit erwartet – also wirklich.

Und wie das ausschaut. Die Erfüllung der Erwartung, dass durch unser beständiges Training bald beeindruckendes Gerede über uns ausbrechen wird, können wir uns abschminken.

In diesem Sinne ist es fast schon tröstlich, dass auf der Driving Range nicht nur trainiert wird. Auf meiner heimatlichen Driving Range nutze ich auch die Gelegenheit, um Leute anzusprechen, und mich nach ihren Golfbefindlichkeiten zu erkundigen. Es kommen viele Gäste zu uns auf die Range, die ich versuche für unseren Club zu gewinnen. Den golferischen Nachwuchs zu gewinnen ist fast die gleiche Mühsal wie die Golfschwungverbesserungsmethodensuche.

Alles in allem bleibt die Driving Range ein eigenes Subbiotop. Irgendwie ist es auch gemütlich. Ich ging in Shanghai gerne hin und hier ebenso. Auch im Winter, da kann man ohnehin sonst kaum auf die Kugel draufhauen.

Die ganz Überzeugten gehen natürlich nicht nur auf die Range, die gehen auch auf den Simulator, Indoor. Die elektronische Driving Range. Man schießt in echt auf einen Bildschirm und viele Kameras beobachten, natürlich um vieles genauer als das menschliche Auge, selbst genauer als das Auge der Caddys. Dann rechnet ein Computer alles um und projiziert das Gerechnete auf einen Bildschirm: Schlägerkopfgeschwindigkeit, Neigungswinkel aller Art, Ballabfluggeschwindigkeit, Spin und und und. Gleichzeitig hat der Computer die realen Außenwelten, sprich Golfplätze schon gespeichert und nun vermengt er diese Daten in eine Augmented Reality. Wir stehen in einer großen Garage und doch zwitschern die Vogerl, der Wind lässt die Grashalme wiegen und unser Ball fliegt wie in echt oder noch echter in die Landschaft. Echt sehr echt, nur dass ich alle meine

Schummeltechniken vergessen kann. Die Maschine verliert keinen Ball, dropped nicht großzügig und man kann nicht einmal heimlich besser legen. Der Ball liegt sowieso so, dass er golferisch gesprochen schon besser liegt. Manche Maschinen haben sogar das Loben eingebaut, zum Beispiel Applaus oder Bravo Rufe für einen guten Schlag. Das haben allerdings die Programmierer noch nicht begriffen, dass Lob ganz andere psychologische Funktionen wie Trost oder Hohn abdecken soll und auf keinen Fall nur bei den guten Schlägen zu verwenden ist. Ich zweifle allerdings nicht daran, dass solche Algorithmen in den Google Alphabet Labors schon im Entstehen sind. Die Artificial Intelligence wird vor der Emotional Intelligence nicht Halt machen. Es wird dann einen golferischen Wohlfühlsimulator geben. Vielleicht entsteht dann ein jazziger Groove. Komponieren können ja die Algorithmen auch schon und irgendwann findet Google einen Weg ins Bewegungsgehirn.

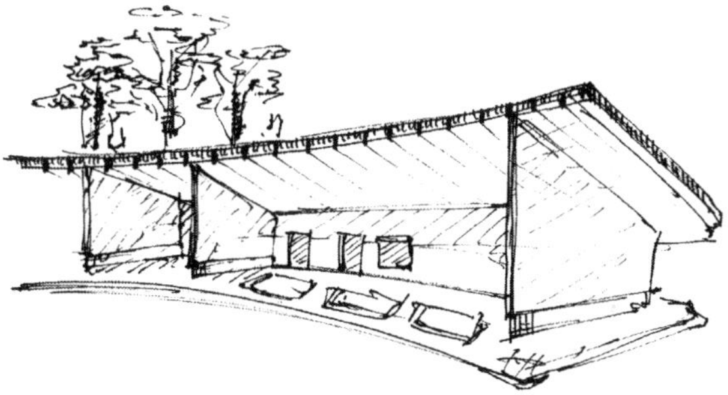

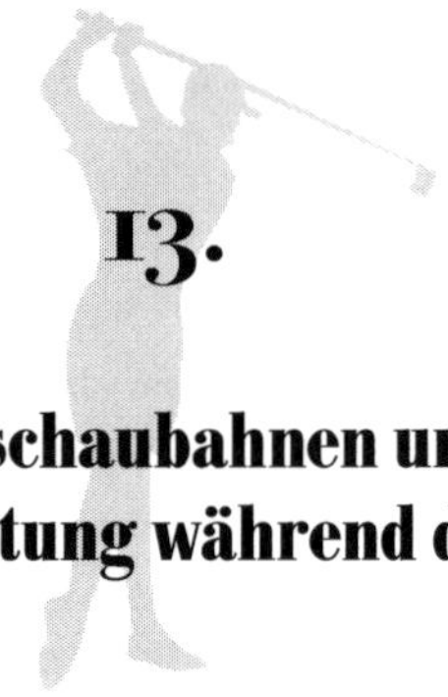

13.

Hochschaubahnen und Gedankenleistung während der Runde

Golf macht glücklich.

Der „Golf macht glücklich“ Satz steht bei uns auf mehreren Bannern und auf der Homepage. Das ist natürlich Blödsinn, denn Glück kommt so mir nix, dir nix nirgendwo daher. Schon gar nicht beim Golf.

Aber wenn schon Glück zu hochgegriffen ist, eine Portion gesundes Selbstbewusstsein wäre mal ein guter Anfang. So schreitet der Golfer vom Clubhaus Richtung Golfplatz: mit dem Evangelium der Entspannung in der einen Hand und dem Kult der Leistungsfähigkeit in der anderen Hand (schöner Satz aus der Müdigkeitsgesellschaft von Byung-Chul Han).

Und dann befindet man sich beim ersten Abschlag. Dort stehen die, die immer sehr, sehr pünktlich kommen und bereits nervös werden, bevor es losgeht, nur weil die anderen noch nicht da sind. Und jetzt hetzt er doch noch daher, mein Freund, macht auf pseudowichtig, das letzte Telefonat hat er nicht einmal in der Umkleidekabine beendet, macht auf cool. Schnell, gerade noch, Bussi bussi (bis Corona), und es geht doch pünktlich los – wie soll es in der deutschen Kultur auch anders sein. Jeder findet sich am Abschlag, man wünscht sich „Schönes Spiel“ und spricht innerlich sein Credo: „Jetzt kommt es wirklich auf deine Performance an." Nämlich nur auf deine.

Technisch gesehen kommt jetzt meist ein Drive. Wenn der erste halbwegs gelingt, ist wahnsinnig viel gewonnen und die gefühlten Chancen für eine Superrunde beginnen die Realchancen zu überflügeln. Wenn er nicht gelingt, ist noch nichts verloren, aber etwas Zurückhaltung wäre angebracht – nicht sooo draufhauen, langsamer. Mulligan ist ein Thema, also gut, ich nehme einen – zur Beruhigung, bevor es richtig losgeht.

Auf Loch 1 können die meisten einen Strich – Synonym für keine Punkte – noch verkraften, es gleich einmal dem Pech oder dem Nicht-Aufwärmen zuordnen. Man ist eben noch nicht ganz angekommen. Das Pech lauert bereits ab Loch 1, die Tücke ab Loch 2 irgendwo.

Aber bevor wir uns in die golferischen Untiefen stürzen, sollten wir uns mit ein paar fundamentalen Gedankenleistungsanforderungen beschäftigen, die wir in weiterer Folge benötigen werden. Der Mensch hat sich über die Jahrtausende seiner Entwicklung eine Spezialität zugelegt, die ihn trotz der biologischen Verwandtheit allen voran mit den Schimpansen von diesen deutlich abhebt. Wir Menschen können über (fast) alles reden und uns Ausdruck verleihen. Diese Sprachkompetenz konnte sich beim Menschen durch das übergroße Gehirn ausbilden (oder war der Grund für die Ausbildung – klassisches Henne oder Ei Problem) und war der Auftakt zur kognitiven Revolution. Der Mensch konnte seinen Artgenossen berichten, dass er heute Morgen eine Tierherde in der Nähe der Flussbiegung gesehen hat und es dort außerdem viele Beeren gibt. Er kann tausende Jahre später ein Restaurant beschreiben, seine Dekoration schildern und sagen, wie es ihm dort geschmeckt hat. Seine Artgenossen können dann entscheiden, ob es sich lohnt dort hinzugehen. Bis hierher finden wir das auch in abgespeckter Form in der Tierwelt. Jetzt kommt aber ein Novum. Das menschliche Sprachvermögen konnte zusehends nicht nur zur Beschreibung der Umwelt und der Nahrungsquellen verwendet werden, sondern auch zur Beschreibung der Stammesgenossen. Harari erklärt das vortrefflich in seinem Buch *Eine kurze Geschichte der Menschheit*: „Der Mensch ist ein Herdentier, und die Kooperation in der Gruppe ist entscheidend für das Überleben und die Fortpflanzung. Dazu reicht es nicht aus, zu wissen, wo sich Löwen und Büffel aufhalten. Es ist viel wichtiger zu wissen, wer in der Gruppe wen nicht leiden kann, wer mit wem schläft, wer ehrlich ist und wer andere beklaut." Der Mensch kann nicht nur lügen, das können nämlich Tiere mitunter auch, sondern er kann als einziges Lebewesen stundenlang über andere tratschen. Und das spielen wir gerade am Golfplatz vortrefflich aus – Zeit genug haben wir ja.

Reine Sachinformation benötigen wir, um ein Wild zu erlegen oder das Loch auf der Golfbahn zu treffen. Tratsch und Klatsch brauchen wir, um eine Kommune oder einen einzelnen Golfclub aufrechtzuerhalten. Angeblich gibt es eine maximale Gruppengröße von 150 Personen. Bis zu dieser Größe kann man das Zusammenleben auf Basis von Sachinformationen, zum Beispiel wann und wo es Essen gibt, und auf Basis von Tratsch aufrechterhalten. Wer ist bei der oder dem so verdächtig lange gesessen, da muss was laufen. Es sei nur nebenbei erwähnt, dass das aktive Clubleben jedes Golfclubs auch etwa bei dieser magischen Grenze liegt.

Darüber hinaus vermochte die sich verbessernde Leistungsstärke des menschlichen Gehirns noch eines oben draufzusetzen. Nämlich eine fiktive Sprache, das heißt, wir können uns über Dinge unterhalten, die es gar nicht gibt. Legenden, Mythen, Götter tauchen erst mit Vollendung der kognitiven Revolution auf. Nur dieser artikulierbare Glaube an eine Religion, später der Glaube an ein Wirtschaftssystem oder ein Rechtssystem hatte die Kraft, dass eine wirklich große Gruppe an Menschen in Interaktion treten konnte, obwohl sich die einzelnen Personen nicht kennen. Die Annahme eines ähnlichen Glaubens schafft ein Vertrauen und eine Chance, dass wir uns friedfertig verhalten. Es scheint wesentlich, dass es den Kern dieses Glaubens oder des gemeinsamen Verständnisses in der physisch reellen Welt gar nicht gibt. Es ist ein großartiges Gedankenleistungskonstrukt, das sich die Menschen ausgedacht haben und per Sprache und Schrift verbreiten. Höhlenzeichnung, Gemälde und Bilder waren dabei immer eine Ergänzung. Unser Religionslehrer hat uns in der Schule immer kleine Bildchen gegeben, auf der Bibelszenen dargestellt waren und mit denen die Kraft des lieben Gottes unterstrichen werden sollte. Heute verschicken wir Milliarden von Bildern in den Social Media und hoffen auf virtuellen Ruhm. Katholiken vereinen sich auf dem Petersplatz und glauben an die Dreifaltigkeit, die meisten Millionäre glauben an das liebe Geld und an die Gesellschaft mit beschränkter Haftung – soweit frei nach Harari.

Golfer können sich irgendwo auf der Welt treffen und glauben an ein gemeinsames Grundverständnis, sie glauben an die Royal & Ancient Regelbibel, nach der sie spielen. Die Hohepriester gehen zu einem Notar, der verleiht einer fiktiven Organisation – in unserem Fall einem Golfverband – Stempel, Brief und Siegel und so wird eine juristische Person geboren, die unabhängig von ihren aktuellen Organen (ein treffendes Wort in diesem Zusammenhang) weiterleben und sich erneuern wird. Sie kann Töchter gebären, sprich Subverbände gründen und sich weltweit vermehren. Wir – ihre Gläubigen – halten uns dann an ihre Schriften. Die Bestellung der Verbandsträger (Organerneuerung) ist wiederum ein eigener Ritus, der sich im Kontext eines Rechtssystems finden muss, für das es wiederum viele Gelehrte braucht, die dieses Konstrukt pflegen.

Soweit zur unglaublichen Leistungsfähigkeit des menschlichen Gehirns. Wir können uns schon vor dem Frühstück ausmalen, welche blöden Gesichter unsere Clubmitglieder machen werden, wenn wir super weit schlagen und mit nie dagewesener Putt-Präzision das heutige Turnier gewinnen. Wir können uns einen mentalen roten Teppich ausrollen, auf dem wir entlangschreiten und förmlich die Glücksgefühle erahnen, die uns durchfluten werden. Eine bestimmte Portion Wahrheit und eine große Portion Fiktion sind wohl Basis unseres (Er-)Lebens.

Wäre da nicht eine wesentliche zusätzliche Fähigkeit, die wir in dieser Form auch nur beim Menschen sehen. Wir können uns ärgern, maßlos.

Den Ärger als menschliche Spezialität lässt selbst der Herr Harari aus und ich bin überrascht, dass es bislang keine wirklich gescheiten Forschungen gibt, welche Effekte der Ärger denn nun hat (außer Puls und Blutdruck). Spielen wir dadurch besser oder schlechter. Es gibt de facto nur Literatur mit Ratschlägen, wie wir den Ärger vermeiden oder ihn rascher abbauen. Es gibt komödiantische Videos von Profigolfern, die ein fiktives „Anger management" Seminar besuchen. Es sind selbst die besten unter den guten durchsetzt von Ärgeranfällen, die sie loswerden wollen, ohne zu wissen, woher ihre Neigung zu starkem Ärger kommt und noch weniger zu wissen, was anders wäre, wenn sie ihn loswerden. Angeblich dauert die heiße Phase des Ärgers nicht länger als 10 Minuten und körperliche Veränderungen wie Pulsschlag und Blutdruck sollen spätestens nach einer Stunde wieder auf Normalniveau sein.

Außer bei Golf, da kann der nächste Ärgergrund schon daherkommen, bevor der vorangegangene abgeflaut ist. Gerne möchte ich interessierte Psychologen zu Forschungszwecken auf eine Golfrunde einladen. Wir sind ja erst auf Bahn 2 – also noch recht am Anfang auf unserer fiktiven Runde und unserer fiktiven Erzählung.

Das erste Loch haben wir gestrichen, also jetzt darf nix mehr schiefgehen, wir müssen uns zusammenreißen, fix. Wir Österreicher weichen in so einer Phase gerne auf das Wir aus, sehr angelehnt an den beliebten Medizinis Pluralis, den Ärzte gerne verwenden, wenn sie sich auf der Visite nach dem Wohl des Patienten mit „Wie geht es uns denn heute?" erkundigen.

Mit diesem Trick der Verteilung des Performance Drucks auf UNS, gelingt UNS nun der zweite Abschlag. Ha – WIR sind back in the Game. Ein Bogey.

Bahn 3 ist ein saublödes Loch, ein langes Par 5 ums Eck. Wie oft ich da schon rechts ins Aus geschossen habe, nicht nur ich, sondern auch wir. Nach einem Turnierwochenende kann man dort im Acker in einer Stunde einen Rucksack voller Bälle ernten. Bei diesem Drive zittern mir immer die Knie, jetzt schon, das ist kein Witz. Der Ball nudelt sich runter und bleibt irgendwo im Rough hängen – mein Freund grinst, sieht eine weitere Chance, aber die praktische Umsetzung scheitert. Er sliced ins Out.

Er schimpft – laut natürlich, weil er so ist. Schimpfen ist wie sich ergeben, dem Betroffenen verschafft es Erleichterung, alle andere fühlen sich schlechter. Die Stimmung hat einen leichten Knick, aber der Tag ist ja noch lang. Der zweite Schlag passt, ein Spaziergang zur Beruhigung braucht ja nicht empfohlen werden, kommt jetzt ja sowieso. Obwohl, 160 m sind für eine Beruhigung zu wenig, da kann sich sogar noch was aufschaukeln. Das ist keine Länge für einen guten Drive mit männlichen Hormonen.

Dann kommt doch eine ruhige Phase, Gehen, Warten und Schauen tragen das ihrige dazu bei. Gefühle sind oft schnell vergessen, das ist gut und schlecht zugleich. Leichter Tratsch als sozialer Kitt „Kennst du die da drüben?“ und „Ah, die ist das, die hat doch jetzt …“. Lob als Anerkennungsbalsam dazwischen nie vergessen!

Auf Bahn 6 spüre ich beim Ansprechen, dass ich irgendwas vergessen habe, an der Haltung stimmt was nicht, aber ich weiß nicht, geschweige denn fühle nicht, was es sein könnte. Ich drücke den Abschlag noch raus, aber ich sehe schon, dort, wo der Ball zu liegen kommt, das ist eine Scheißlage, schweres Kraut. Ich hätte nochmal abbrechen sollen, zurück, Haltung finden und nicht einfach drauf. Ich müsste es besser wissen. Wie beim

Verkehrsstau – man ist plötzlich Opfer und Täter zugleich, ein haariges Dilemma. Meine Frau schießt in den Graben und sucht laut murmelnd nach einem Grund, warum müsst ihr immer so viel quatschen da hinten – Männer! Also ehrlich, das stört! Mein Freund geht in Beziehungsdeckung und möchte da jetzt nichts abbekommen. Er gewinnt das Loch.

Bahn 8 – das gute Gefühl ist immer noch nicht ganz zurück. Schöner Schlag, aber zieht Richtung Wald. Der Waldgeist lässt ein passendes Plopp hören und schmeißt ihn glücklich mitten aufs Fairway zurück. Meinem Freund entkommt ein leicht angeärgertes: „Du hast ja nur Glück!"

Die meisten Forscher sind sich übrigens einig, dass unter Jägern und Sammlern – Golf ist ja nicht wirklich was Anderes – animistische Vorstellungen herrschten. Animismus – vom lateinischen Anima „Seele" oder „Geist" – geht davon aus, dass alles, was uns umgibt, von beseelten Wesen bewohnt wird. Eben der Waldgeist. Meine Frau erinnert mich im selben Atemzug, wie sich mein Freund ärgert, daran, dass ich mich beim Sepp (so heißt der hiesige Waldgeist) bedanken muss, sonst schmeißt er mir nie mehr einen Ball heraus. Sie meint das ernst. Dass die Golfer auch dem Ball eine Seele einhauchen, verträgt sich ja schon fast wieder mit moderneren Lehren, dass man eben fühlen muss, wie man mit seiner Umwelt eins wird und dadurch die nahe Zukunft gestaltet. Matrix lässt grüßen. Aber echt jetzt, man muss sich mit dem Golfplatz vertragen, mit seinen Bunkern, den Hängen, den Gräsern, dem Grün. Die Mücken, die einem beim Teich bei Sonnenuntergang besonders attackieren, kann man ja aus seinen Vorstellungen von einem heilen Biotop ausklammern. Jedenfalls wären Balance und Harmonie möglicherweise ein Rezept – so gesamtheitlich.

Aber der Urfeind der Harmonie, der Ärger und sein Bruder Frust gehen auf jeder Runde mit. Mit allen Facetten: Nach innen gerichtet ist die Haupterscheinungsform, gefolgt von nach außen gerichtet mit den Unterkategorien, Fluchen, Schimpfen und

Beschimpfen, oft mit leichter Aggression. Sprich, der Schläger wird mit Selbstbeschimpfungsworten auf den Boden geworfen: „Du Trottel!“ Erste Person Mehrzahl „Wir“ und zweite Person Einzahl „Du“ stehen in diesem Zusammenhang für erste Person Einzahl „Ich“. Außer wie gesagt, wenn der Schläger auch eine Seele hat, die beschimpft werden kann. Die 4. Stufe des Ärgers endet mit handgreiflicher Aggression gegen andere, etwa eine Prügelei. Bei Golf kenne ich das nur aus dem Film *Happy Gilmore*. Ist natürlich Klamauk.

Den Golfgott gibt es jedenfalls. Und wir alle gehen davon aus, dass er gerecht ist.

Mit seiner Güte und Hoffnung kommen wir zu Bahn 10. Wir haben es gewusst, ein Superschlag, die zweiten Neun werden der Hammer. Ein Birdie. Wir spüren es, es ist noch alles drin. Man kann sogar seinen Mitspielern noch ein paar Tipps geben, so viel Selbstvertrauen ist wieder zurückgekehrt. Dass die Tipps natürlich sinnlos sind, weil das Bewegungsgehirn unserer Mitspieler gegen solche verbalen Attacken aus Schutzgründen abgeschirmt ist, tut hier nichts zur Sache. Maximal löst es Verwirrung aus, das könnte dann ja auch gewollt sein.

Bahn 11, wieder guter Abschlag. Ich suche mit Eselsgeduld den Ball meines Freundes, dessen Slice noch immer an ihm pickt. Solange ich nicht meinen Ball suchen muss, ist alles gut. Angriff aufs Green – „geluuuungen“ singe ich mit. Shit – nur 3 cm und er hätte es über die Bunkerkante geschafft. „Eure Schade Rufe könnt ihr euch jetzt sparen“, denk ich mir nach innen gerichtet. Ich komme nicht über die Kante, brauche noch einen Schlag, und mein Freund gewinnt das Loch, nur weil ich seinen Ball gefunden habe. Meine Frau stopft einen Langputt und schafft auch ein Par. Von wegen gerechter Golfgott.

Alle sagen, bei Golf spielt man gegen sich selbst. Vollkommener Blödsinn. Aus der Kluft zwischen dem Real-Ich und dem Ideal-Ich entsteht eine Autoaggressivität – so ein Psychoscheiß.

Gott sei Dank, ist es ein weiter Weg bis zum Abschlag 12 – Entspannung. Wieder ein guter Drive. Normalerweise ist ein guter Drive beruhigend, jetzt macht er mich nervös. Der zweite Schlag ist hier extra tricky. Yes. Er sitzt. Ein gutes Gefühl, 2 Putts – easy Par.

Bahn 13 ist eine Unglückszahl, golferisch gefährlich, weil es tatsächlich schon sein könnte, dass der Zuckerspiegel sinkt, die Konzentration nachlässt. Ein „nix passiert" Drive. Aber was ist los? Frau und Freund scheinen jetzt plötzlich besser gelaunt. Woher die plötzliche Stimmungsumkehr kommt, kann ich mir beim besten Willen nicht erklären. Alkohol? Es könnte noch regnen. Der Gedanke hat gereicht, er geht ins Wasser.

Bahn 14 – ein überschaubares Par 3. Nicht aufgeben. Ausgleich. Bahn 15 – wieder Bunker – gefühlt den ganzen Tag nur Bunker. Entschieden wird auf den letzten 3 Löchern, Golf ist irgendwie schon spannend.

Auf Bahn 16 taucht der Marshall auf, meine Chance, denn meine Frau fühlt sich immer extra irritiert, wenn es plötzlich eine Zuschauerzahlerhöhung gibt. Tatsächlich, sie verschiebt einen kurzen Putt, mein Freund detto. Der Marshall denkt sich seinen Teil und ich grinse ihn an. Schöner Golftag heute. Golf ist eine Kopfsache, sagt man gerne, aber die Lage der Gefühle ist woanders, zum jetzigen Zeitpunkt liegt man mit diesem Spruch mehr als daneben. Golfgefühle sind gerade Pobacke Mitte oder so.

Bahn 17 hat ein Halbinselgrün – magisch. Meine Frau liegt vorm Grün, mein Freund und ich im Wasser. Es gibt ja nur Verlierer und schlechte Verlierer. Wobei letzterer möchte man noch weniger sein. Meine Frau schafft das Par. Die Auswahl engt sich ein.

Auf Bahn 18 gelingt wie zum Trost allen ein Bogey. Das Match geht an meine Frau. Es ist entschieden, ein Anflug von Harmonie und Seelenentspannung kehrt zurück.

Der Ritt auf der Hochschaubahn der Gefühle gleitet aus, es ist tatsächlich wie nach dem Ritt auf der Achterbahn. Wir sind noch leicht aufgekratzt, brauchen einen Drink und eine Pause. Die Achterbahn hätte uns einen Kick inklusive Adrenalin gegeben, der Kick der Golfrunde war, dass wir wirklich alle menschlichen Gehirnsegmente strapaziert haben. Auch ein geiles Gefühl. Wir kommen wieder.

14.

Kleidung, Accessoires & Ausrüstung

Golf macht attraktiv.

Die wichtigste Frage vor der Runde ist natürlich: „Was ziehe ich heute an?“ Auf dem Golfplatz muss man nona gut ausschauen und es herrscht sowas wie eine ungeschriebene, aber irgendwie auch strenge (Ver-)Kleidungsvorschrift. Man möge nicht mit Jeans, Turnhose, Sandalen, ohne Socken oder in T-Shirt erscheinen. Tatsächlich muss man sich – und es soll ja schon vorgekommen sein, dass man seine Sporttasche vergisst – im Proshop noch schnell eine passende Hose kaufen, denn mit einer Jean modisch schick wie auch immer kommt man nicht durch. Bei uns steht das nirgends und doch ist es so. Obwohl die Etikette in ihren Buchstaben keine Kleidervorschrift beinhaltet, strahlt sie eine aus. Das ist das eigentlich Noble an Golf.

Jedoch sind abgesehen von den Nogos hinsichtlich Leiberl und Jean anderen Kleiderskurrilitäten keine Grenzen gesetzt. Interessanter Weise putzen sich unsere Damen am Golfplatz fein heraus, legen aber salopp formuliert erst nach der Runde im Clubhaus eins drauf. Männer nutzen hingegen die Runde, um über sich selbst hinauszuwachsen und sie finden dort oben womöglich gar ein anderes Ego. Sie erreichen fast ihr Über-Ich. Ein im sonstigen Alltagsleben eher selten gesehener Mut zu Farbe, Muster und Form. Die lustige Kasperlhose mit Karomusterung oder eine Vintage Knickerbocker sind wahrscheinlich das Feel free Ventil zum Ausbruch aus dem geordneten (Spielbahn-)Leben. Selbstdarstellende Hüte machen aus manchem Golfer einen Rapper, und selbst Supersenioren scheuen vor keinem Geschmacksselbstfindungsversuch zurück. Retro ist in diesem Fall jedenfalls authentisch.

In Shanghai habe ich ein Wohltätigkeitsturnier erlebt, wo auch die Best dressed Golferin und der Best dressed Golfer aufs Siegerpodest gerufen wurden und eine Urkunde bekamen. Na ja, über Geschmack und Moderichter kann man bekanntlich streiten. Aber ich würde sagen, in Shanghai gehen die Uhren anders. Man sieht viel Hippes (wirkliches Hippes) und Unmögliches auf der Straße, am Golfplatz ist der Dresscode weniger auffällig. Bei uns ist es umgekehrt, Golf macht attraktiv.

Da wäre auch noch die gewichtsbezogene Attraktivität, also der Glaube, dass man mit ein paar Kilo weniger viel schöner wird. Auf so einer Golfrunde verbrennt man ganz schön viel Kalorien, so um die 1500 Kalorien zusätzlich zum Grundumsatz (für all jene, die nach irgendwelchen Tabellen das wieder raufessen wollen). Man ist ja doch mindestens 4 Stunden auf den Beinen und es geht manchmal leicht bergauf und bergab. Das Herumgehen braucht gut und gerne mal ein Drittel, der Rest geht schon ins Draufhauen. Und da ist noch die Energie, die durch die Such- und Ärgerpulsfrequenzerhöhung obendrauf kommt, die habe ich nicht mitgerechnet. Golfspieler nehmen in der Hauptsaison ab, easy – da ist eine Diät nichts dagegen. Bei Hitze ist so eine Runde zudem eine Schwitzkur, also da kommt zu anstrengenden Gehirnleistungen auch noch die Steuerung des Flüssigkeitsmanagements dazu, Flüssigkeit von innen nach außen – ich glaube, das regelt nicht das Bewegungsgehirn, aber mit Nachdenken schalten wir das Schwitzen auch nicht ein. Das Flüssigkeitsmanagement von außen nach innen können wir aktiv bereits während der Runde ansteuern, im Anschluss an die Runde im Clubhaus können wir nachsteuern. Allerdings habe ich auch schon Ausfälle dieses Nachsteuerungssystems gesehen und es erfolgte eine deutliche Überkompensation der ausgeschwitzten Mengen. Kann man getrost dem unbeeinflussbaren Bewegungsgehirn in die Schuhe schieben. Energetisch zusammengerechnet kann man dem Golfsport ein ausgezeichnetes Fettverbrennungszeugnis ausstellen, sodass der Golfer oder die Golferin eine tadellose Figur hinbekommt. Alkohol zählt bekanntlich nicht zu den Fetten.

Ein kleiner Wermutstropfen ist die Sonne. Wenn auch die Sonnencreme ein Mitbringsel der Kategorie „unbedingt" ist, und man sich rechtzeitig und oft einschmiert, kann man nicht verhindern, dass man an Gesicht, Nacken und Hals, an den Unterarmen und den halben Oberarmen einen südlichen Teint bekommt. Gleiches gilt für die Wadeln, sobald kurze Hosen zum Einsatz kommen. Auf der linken Hand trägt man einen Handschuh, auf der rechten nicht. Wenn jetzt so ein Mittelviel- oder Vielgolfer am Strand auftaucht, schaut er aus wie eine missglückte Kunstkreation aus einem Multikulti Softporno. Verhindern können das nur die Chinesen, die sich auch bei Hitze eine Kleidungskombination anlegen, die einen Ganzkörperschutz gewährleistet. Nicht nur die Caddys. Das Lustigste sind strumpfähnliche Sonnenunterarmschoner, manchmal eine Tätowierung vortäuschend. Das brauchen wir im Westen nicht. Wir wollen im Sommer leicht bekleidet herumrennen. Früher haben wir ja sogar in der Sonne gebadet. Keine Sommerbräune zu haben, war ein No Go. Irgendwann haben uns dann die Hautexperten bekehrt. „Die Haut vergisst keinen Sonnenbrand" ist der Lieblingsspruch meiner Hautärztin. Als ich Kind war, war der Sonnenschutzfaktor einer Sonnencreme bei 5, jetzt ist er bei 30+. Schon anders irgendwie. Leider weiß ich nicht, wie die Golfer damals ausgesehen haben. Jetzt schauen wir halt aus wie ein Feckerlteppich mit linker weißer unschuldiger Hand, wie der Wolf, der die sieben Geißlein beruhigen möchte.

Aber wie im wirklichen Leben gibt es bei Golf nicht nur Sonnenschein, sondern leider auch Wind und Regen. In hiesigen Breiten muss man auf Regen fast ständig vorbereitet sein. In manchen Sommern kommt er gefühlt andauernd, manche Sommer haben längere Trockenphasen. Jedenfalls sind wir Golfer unglaublich regenresistent. Und wenn es nicht gewittert und die Gefahr eines Blitzschlages besteht, wird ein Turnier oder eine Runde auch bei starkem Regen nicht abgebrochen.

Der Proshop – ein Fachgeschäft für Regenzubehör in gewissem Sinn. Das fängt schon mit den Schuhen an, sie müssen wasserdicht sein und sind es auch, sonst sofort retour. Das begrenzt fast auf bedrückende Art die weibliche Sehnsucht nach der Schuhvielfalt – sie kann erst wieder im Clubhaus ausgelebt werden. Jacken, imprägnierte Hosen, Hüllen für die Bags, Handtücher, Riesenschirme – ein Charity Turnier bei leichtem Regen ist auch für den Proshop ein Charity Event. Ein Schiebetrolley, das keinen Top Regenschirmhalter hat, ist zum Vergessen. Meine Frau hat außerdem eine präzise Regen-App. Sie schaut Stunden vor der Runde, wie sich die Regenlage entwickelt, während der Runde prüft sie, wie lange es noch dauert, bis der Regen kommt und wenn es dann endlich regnet, schaut sie auf der App nach, ob es wirklich regnet. Vor der Runde sagt sie, „Wenn es regnet, spiele ich nicht", was sie, da sie sich nicht an ihre eigene Prognose hält, irgendwie dann auf die App schiebt, weil die vor einer Stunde noch gesagt hat, dass es aufhört. Also die Prognosen der App und meiner Frau heben sich irgendwie auf und wir spielen trotzdem, bei jedem Wetter. Außerdem haben wir es mit Freunden ausgemacht, da wollen wir nicht auf Weicheier gestuft werden, wegen der paar Tropfen.

Apropos Trolley – ein schickes Schiebe- oder Ziehtrolleys ist in unseren Breiten fast zu einem Muss-Zubehör aufgestiegen. Man geht im Vergleich zu den Trägern eines Bags eleganter, aufrechter, sagt mein Orthopäde, aufrichtiger, sage ich. Die Literatur meint, dass der Kalorienverbrauch dadurch nicht maßgeblich sinkt, also die Herz- und Kreislaufstärkung wird nicht geschmälert. Eine erste, allerdings leichte Kalorienverbrauchsreduktion kommt mit Elektro-Schiebetrolley und eine weitere Stufe mit der Benutzung eines Carts, mittlerweile auch alle

Elektro. Obwohl wir ja eigentlich gar keine Kalorien- oder Energieverbräuche auslagern möchten, ist Strom schon schön. Ich habe mich lange gegen ein Elektro-Schiebetrolley gewehrt, aber Geburtstage und Geschenke sind unvermeidbar. Dass so ein Elektro-Schiebtrolley ein Vielfaches meiner ganzen Ausrüstung inklusiver grellgrüner Hose kostet, sage ich nur ganz leise, war ja ein Geschenk. Dafür bin ich nun begeistert und schnaufe weniger. Sozusagen biologische CO_2 Einsparung – alles super CO_2 neutral.

Zu den beliebten Accessoires zählen auch noch zwei sehr widersprüchliche. Das wären zum einen speziell für Golfer entwickelte Uhren mit GPS-Funktion, die sich das gesamte Design des Golfplatzes aus den unendlichen Weiten der Clouds herunterladen und dann den Spieler mit allen Informationen versorgen, die er vom Caddy nicht bekommen kann, weil es hierzulande keine Caddys gibt. Die elektronische Überwachung macht selbst auf dem Golfplatz nicht halt und schleicht sich auch in den Golfalltag. Was weiß ich, welche Information die Uhr an die Cloud Besitzer zurückgibt und was die Cloudbesitzer dann mit diesen Megadaten anfangen. Abgesehen von den Milliarden an Flight Fotos, die die Cloud auch in irgendeinem Dachboden aufbewahren muss. Nach Erhalt dieser Information (von der Uhr oder sonst wem) erfolgt der Schlag. In manchen Fällen kommt dann das andere, eher altmodische Accessoire zur Anwendung – die Ballangel. Wieder ein Schlag ins Wasser. Natürlich könnte man eine Amortisationsrechnung aufstellen, wie viele Bälle man fischen muss, damit sich die Ballangel rechnet. Man könnte kurz Überlegungen anstellen, ob man eine statische oder dynamische Wirtschaftlichkeitsberechnung zur Anwendung bringen soll, um letztlich draufzukommen, dass so eine Rechnung zu kompliziert ist; wie gesagt, Golfer möchten bei ihren Zählungen bei den Grundrechnungsarten im Zahlenraum 100 bleiben. Schwer genug.

Außerdem, wir Golfer möchten schön bleiben, denn wenn schon der Ehrgeiz durch eine Ballangelfischerei eine Delle bekommt, die Eitelkeit und Eleganz halten wir hoch – bis zum Sch(l)uss.

Für den Schuss, manchmal Schwung, meistens Schlag, brauchen wir Ball und Schläger, gelegentlich ein Tee und viel Energie.

Die Bälle selbst sind handelsüblich, stark standardisiert und haben 300 bis 450 Dellen oder Dimples, wie sie gerne genannt werden. Ohne diese würde der Ball weniger Spin aufnehmen, dadurch eigenwillige Luftverwirbelungen auslösen und weniger weit fliegen. Durchmesser und Gewicht sind standardisiert. Die Luftverwirbelungen nicht. Die meisten Bälle sind weiß, selten gelb oder pink.

Der Loft ist meist eine kleine feine Wohnung im x. Stock mit wunderbarer Aussicht, wenn man sich nur weit genug aus dem Dachfenster lehnt. Bei Golfern ist der Loft die Neigung des Schlägerblattes zum Schaft. Beim Schlag kommt allerdings die laterale Verbiegung des Oberkörpers abzüglich der Entgegensteuerung durch die Handgelenke dazu. Irgendwas zwischen 2° (Putter) und 60° (Wedge). Dieser Winkel entscheidet, wie der Ball losstartet, also ob er letztlich im sprichwörtlichen hohen Bogen durch die Gegend fliegt. Die Weite konkurriert mit der Höhe, desto höher, umso weniger weit.

Wedges, kurze Eisen und lange Eisen unterscheiden sich in Loft und in geringem Maß in Schaftlänge. Der dem Loft und den Dimples geschuldete Spin oder Rückwertsdrall, den der Ball aufnimmt, kann schon mehrere Tausend Umdrehungen pro Minute ausmachen. Den Rückwärtsdrall wollen wir mehr wie den Seitwärtsdrall, denn letzterer kann recht eigenwillige Ballflugkurven hervorzaubern. Es grüßt die Ballistik.

Mit zwei Schlägern müssen wir uns allerdings näher beschäftigen. Ein Holz, das heute nicht mehr aus Holz ist, ist nämlich etwas Besonderes – das Einser Holz gemeinhin als Driver bekannt. Von diesem Gerät dürfte wahrscheinlich die Bezeichnung Schlägerkopf herkommen, denn am Schaftende befindet sich tatsächlich ein Kopf ähnliches Gebilde. Da der Driver den längsten Schaft hat, schaut er am prominentesten aus dem Bag hervor. Die Hersteller tun das ihre, um viel Geheimnis um diesen Driver herum aufzubauen oder ihn gar zu vergolden. Ein goldener Driver kann viel Erfolg beim Spieler auslösen. Er war wahrscheinlich auch teurer. Der Preis ist, was wir bezahlen, der Wert ist, was wir bekommen. Mario Pricken legt in der „Aura des Wertvollen“ vieles dar, was Dinge besonders macht. Vieles gilt für Driver. Bei manchen Drivern wird darauf hingewiesen, dass im Kopf eine Titan Legierung drinnen ist. Nicht nur ist Titan ein Übergangsmetall (hilft vielleicht im Schwung beim Übergang), Titan ist auch ein Zugehöriger der griechischen Götterwelt. Das kann nie schaden. Jedenfalls kommen beim Driver nur Materialien höchster Güte zur Verarbeitung, Edel-Metalle sozusagen (dass die richtigen Edelmetalle aus dem Periodensystem leider hinsichtlich Funktionalität zu weich sind, ist eigentlich jammerschade). Der Kopf muss dann zusätzlich durch eine besondere Haube geschützt werden, wobei diese Haube gerne auch die Gestalt eines Tieres annimmt. Zur Abwehr oder Anlockung von Staub oder Geistern. Diese Haube verleiht dem Driver den Nimbus der Unversehrtheit, er wird besonders geschützt. Den Nimbus Jungfräulichkeit verliert der Driver, wie soll es anders sein, mit dem ersten Schlag. Sein Wert reduziert sich auf die Hälfte. Hoffentlich ist der Schlag gelungen.

Der Putter wird auch gerne extra geschützt, denn seine Verarbeitung ist das Entscheidende. Gute alte Handwerkskunst mit Hi-Tech Inspiration. Mein Golfbag ziert die Aufschrift eines Putter Herstellers mit dem expliziten Hinweis auf die edle Frästechnologie.

Aber Nimbus hin oder her, das alles Entscheidende bleibt die Energie. Die kommt ausschließlich von unseren Muskeln. Die biochemischen Vorgänge, wie die Energie in die Muskeln gelangt, muss ich leider auslassen. Das wäre zwar hochspannend, aber ich möchte sie alle auf eine Abkürzung einladen und ersuchen darauf zu vertrauen, dass die durch die Verbrennung (Oxidation) unserer Nahrungsmittel gewonnene Energie irgendwie in unsere Muskeln gelangt. Im Biologie Unterricht war da irgendwas, aber das ist schon verdammt lange her. Mit den Muskeln spannen wir Sehnen, addieren minimal Schwerkraft, die auch muskelbedingt durch das Heben des Schlägers möglich wurde. Dann geht es los, Schlägerkopf trifft auf Ball. Das ist reine Physik – Punkt.

Die folgende Energierechnung ist sehr vereinfacht, ich entschuldige mich – vorab bei den Physikern unter den Golfern, die sich natürlich viel komplizierteren Formeln bedienen.

So ein durchschnittlicher Schwung lässt den Driverkopf mit 150 km/h daherkommen und damit wohnt ihm eine kinetische Energie von etwa 170 J (Joule) inne (Energie = ½ Masse x Geschwindigkeit^2 also ½ mal 0,2 kg x (150 kmh/3,6)^2 = 173,6 J). Der Schlägerkopf kann und der Spieler möchte dem Ball viel von dieser Energie mitgeben. Der quetscht sich zuerst etwas zusammen und fliegt dadurch schneller los als der Schlägerkopf, von dem er getroffen wurde. Das nennt man Smash Faktor. Bei einem Supertreffer im Sweetspot schon mal mit 1,3-facher Geschwindigkeit. Das heißt, der losfliegende Ball bekommt vom Schlägerkopf Energie, aber bei weitem nicht alle. ½ mal 0,046 kg (Golfballgewicht) mal (150 kmh x 1,3/3,6)^2 macht 67,5 J. Sehr einfach gerechnet. Keep it simple. Aber an dieser einfachen Formel und der daraus resultierenden Erkenntnis kommt der Golfer nicht vorbei. Er hat nur eine Variable für mehr Energie und das ist die Schlägerkopfgeschwindigkeit.

Die verbleibende Energie also in dem Beispiel immer noch über 100 J verwendet man für die Vollendung der Körperdrehung mit entsprechender Eleganz. Hoffentlich endet all das Bewegungsbemühen in einem glorreichen Finish in Balance mit sich und der Welt. Würde man ein Gerät bauen, das diese Ballenergie in Projektilenergie umwandelt, wäre das übrigens nicht mehr waffenscheinfrei. Also Personentreffer gilt es unbedingt zu vermeiden.

Die Schläger und der Ball können keinen eigenen Energiebeitrag leisten, wie beseelt sie auch sein mögen. Die wissenschaftliche

Revolution mit ihrer Physik und dem Einstein und den anderen kam allerdings erst tausende Jahre nach der kognitiven Revolution. Es könnte also sein, dass die Burschen doch noch was übersehen haben.

Und solange die Bälle kreuz und quer fliegen, bleiben wir lieber auf der sicheren Seite. Ziehen uns schön an, achten auf Linie, aufrechten Gang und vermeiden Ärger mit dem Golfgott.

15.

Golffreunde & Golfreisen

Bei Golf geht viel Zeit drauf.

Das ist richtig.

Aber ein bisschen sollten wir nachrechnen – ganz überschlägig nur.

Ein guter Schläfer verpennt so 7,5 Stunden pro Tag, also bleiben für das, was wir angeblich in irgendeiner Form selbst gestalten können, zusammengerechnet 365 x 16,5 = 6022 Stunden, so grob pro Jahr. Beispielhaft setze ich für jene, die einem sogenannten geregelten Job nachgehen, 1600 Stunden an (das ist die Arbeitgeberrechnung, die Urlaub und Krankenstand mitberücksichtigt). Das bei weitem größte Freizeitvergnügen ist Selbstbespaßung vor irgendwelchen Bildschirmen. Eine beispielhafte, aber sehr, sehr vorsichtige Einschätzung – man erschreckt sich jedes Mal selbst – könnte lauten 1,5 h Handyspielerei, 1,5 h Stunden Fernsehen, 1 h Computervergnügen (ohne Arbeit) – das wären 4 h und ob man es glaubt oder nicht, der Bildschirmspaß liegt selbst in dieser Minimalvariante in der Größenordnung des Arbeitslebens, also 365 x 4 = 1460 Stunden oder deutlich drüber für viele. Der Bildschirm kennt nämlich kein Wochenende und keinen Krankenstand, der ist nämlich immer da, aber sowas von. Die Bildschirme beziehungsweise eigentlich die Dichte, mit der sie um uns herum aufgestellt oder in der Hand gehalten werden, hat das Ende des Zeitalters der Realität wohl bereits eingeleitet. Nicht nur im Golfsimulator ist mir das mehr als gedämmert. Die Algorithmen, die uns einlullen, sitzen uns nicht im Nacken, sondern haben sich den besten Platz, nämlich den vor unseren Augen gesichert. Ganztags, 24/7.

Natürlich braucht es und gibt es auch Pausen. Sagen wir inklusive Nahrungsaufnahme 365 x 2 = 730 h – auch sehr vorsichtig, ohne genüssliche kulinarische Ausschweifungen. Transporte aller Art machen 20.000 km/60 kmh = 333 Stunden. Das wären so die großen Brocken. Jeder kann sich da seine eigene Version schönrechnen.

Ein sehr aktiver Golfspieler spielt 50 Runden, also 50 x 4 = 200 Stunden. Anfahrt lasse ich weg, gehört zum Transport und man würde sonst woanders hinfahren. Clubhausbesuche ersetzen naturgemäß andere Restaurantbesuche.

Also ja, für Golf braucht man Zeit, ob das nun viel oder wenig ist, hängt wie vieles auf der Welt vom Vergleich ab. Also weg vom Bildschirm und raus aus der Stube.

Mit raus aus der Stube können es aber die Golfer ganz schön übertreiben, dort liegt die Falle. Also die Abenteuer, zu der sich unsere freundschaftliche 7-Mann-Truppe aufmachte, trieben ganz schöne Blüten. Wir waren ja allesamt Anfänger, zugegeben nicht mehr taufrisch, aber beherzt und überzeugt, dass jugendlich angehauchte Späße auch unsere sportliche Leistungsfähigkeiten stimulieren würden. Zur männlichen Befindlichkeitssteigerung suchten wir sogar einen verbindenden Namen. Es wurde der „Green Meadows Ball's Club“, kurz GMBC gegründet. Irgendeiner machte auf Marketing, also wurde ein GMBC Logo kreiert, makelloses Design – für Corporate Clothing in Form von Sweatshirt und Underwear (auch mit Logo). In einer Modeschau wurden die guten Stücke unserer Damenwelt vorgeführt und von dieser approbiert. Mit artgerechter Clothing Identity rückten wir alsbald zu Golfreisen in unsere Nachbarländer aus. Verschwiegen, wie sollte es anders sein. Einzig das Essen war manchmal teuer, oder der Wein, das lässt sich hinterher schwer auseinanderdividieren. Sonst gab es nichts zu meckern. Es folgten Ausflüge durch halb Europa bis nach China. Die Fernostreise war meiner Affinität für Asien geschuldet.

Der Golfsieger der jeweiligen Reise wird Träger eines viel zu großen Doppelreihers, das heißt, das Jackett – und es gibt nur dieses eine – passt auch dem Größten und Dicksten. Dieser Zeitbedarf kommt natürlich auf die vorhin vorgerechnete Rundenzeit obendrauf.

Das ist aber nicht alles. So einen Golfausflugsdrang gibt es auch in Pärchengruppen, fast schon scharenweise. Beim Zeitbudget solcher Reisen muss man sogar noch eine Probezeit für die Geduld berücksichtigen, denn irgendwer hat sich immer unverschuldet verwirrt verirrt. Kommt aber gleich.

Natürlich sind Damengruppen, die sich aufmachen und Golf als Grund für einen mehrtägigen Ausbüxer auswählen, auch Standard geworden. Jede will ihr eigenes Ding, wahrscheinlich.

Zusammenfassend ja, Golf braucht Zeit, die man sich nehmen muss. Vielleicht wird sie einem aber auch geschenkt.

Das Kapital halte ich kurz, irgendwo möchte ich auch (Lese-) Zeit sparen. Der Marshall ist schon im Anflug.

16.

Zu Lasten der Marshalls

Golf braucht Aufsicht.

Die Marshalls sind sowas wie Polizisten, aber nicht wirklich eine Exekutive. Sie bekommen ein eigenes Cart und auf der Windschutzscheibe, das heißt, es ist nicht wirklich eine Windschutzscheibe, sondern nur so ein teilweise abklappbares Plexiglas, also auf diesem Plexiglas ist dann ein großer Zettel angeklebt und da drauf steht MARSHALL. Mancher Marshall steckt sich noch eine Fahne oben aufs Cart. Das macht das Cart dann zu einem mickrigen Versuch einer Staatskarosse oder eines Einsatzwagens. Mit diesem Cart fahren die Marshalls dann Patrouille. Das Plexiglas ist definitiv nicht schusssicher, also das Gefährt ist kein Papamobil. Das ist auch schon dem einen oder anderen Marshall zum Verhängnis geworden, weil das Marshallmobil ist nicht nur nicht schusssicher, sondern geradezu offen.

Übrigens befinden sich auf dem Golfplatz selbst bei voller Belegung gleichzeitig nur 4 x 18 Personen, wenn noch 2 Flights irgendwo dazwischen warten, also maximal 80 Spieler. Für diese 80 braucht es einen ganzen Marshall. Das wären 12,5 Marshalls auf 1000 Spieler, im Vergleich zu 3,2 Polizisten pro 1000 Einwohner. Da der Marshall keine Schiedsrichterfunktion hat, könnte man daraus schließen, dass es auf dem Golfplatz wild zugehen muss, wenn man so eine hohe Dichte an Ordnungshütern braucht. Irgendwie schon. Das wird angehenden Golfern auch gerne verschwiegen, dass sie oft zusätzlich dem Druck der wachsamen Augen des Marshalls ausgesetzt sind. Die Augen des Marshalls sind für viele der Druck pur, wie eine Prüfung, wenn er neben einem steht.

Aus Sicht der Spieler nähert sich das Marshallmobil übrigens in 4 von 5 Fällen von vorne. Das bedeutet, es fährt gegen die Schussrichtung. Manche schießen dann genau Richtung Marshall, obwohl sie definitiv nicht auf den Marshall schießen wollten. Wenn der Marshall merkt, dass geschossen wird, geht er natürlich seitlich in Deckung. Aber wenn zum Beispiel meine Frau nur ahnt, wo er in Deckung sein könnte, zielt sie ganz auf die andere Seite. Das nutzt aber nix, der Ball fliegt Richtung Marshall. Meist kommt sie nicht annähernd bis zu diesem Marshall, aber irgendwann trifft sie ihn, sagt sie immer. Sie ist von Natur aus Sammlerin, allen voran von Bällen, vereinzelt von Beeren oder Holunder. Ihre größte Beute war einmal ein ganzes Bag voller Quitten. Sie ist aber nicht Jäger und Sammler zugleich, sondern nur Sammler. Ein Nicht-Jäger wie meine Frau ist dann verärgert, weil der Marshall nicht wegfährt und sie so viel Denkenergie braucht, um ihn ja nicht treffen zu wollen. Der Marshall weiß wiederum, dass sie ihn gar nicht treffen kann. Das weiß aber meine Frau nicht. Der Satz: „Ich werde ihn irgendwann treffen“ hat sich fest in ihr Unterbewusstsein eingegraben. Sprich, der Treffgedanke overruled die Absicht und den Schwung. Somit fliegt der Ball Richtung Marshall. Ein Jäger würde auf ein Ziel schießen, ein Nicht-Jäger schießt hingegen auf ein Anti-Ziel. Die Anti-Ziel-Dominanz hat übrigens bei Golf große Bedeutung, weil Bälle eben in den Graben, das Wasser, den Wald fliegen, in den man nicht schießen möchte. Wie soll man da nicht an die Beseeltheit der Bälle glauben?

Nachdem der Marshall nicht getroffen wurde, taucht er wieder aus dem Gebüsch auf und fährt auf die Schützen zu. Je nach generellem Verhältnis zur Polizei oder sonstigen Ordnungshütern hat der eine oder die andere ein schlechtes Gefühl (bei uns im katholischen Zentralraum ein schlechtes Gewissen – das haben ja die Katholiken erfunden und ist übrigens immer dabei). Mancher Marshall kann da die Annäherungsspannung durch ein breites Grinsen etwas herausnehmen. Aber viele notorische „Schlechte Gewissen"-Haber denken sich, was will der jetzt hier, war irgendwas, sind wir aus der Zeit, haben wir was verloren? Bei weiterer Herannäherung des Marshallmobils wird dann zusehends erkannt, welcher Marshall hinter Plexiglas und Lenkrad sitzt. Vorausgesetzt, man spielt am Heimatplatz, da kennt man die Pappenheimer (auf die Idee, irgendwo einen Pappmarshall hinzustellen, ist Gott sei Dank noch keiner gekommen, die Idee lassen wir der Verkehrspolizei).

Aber zu Lasten der Marshalls ist nicht zufällig angelehnt an den Roman *Zu Lasten der Briefträger.* Denn so wie die Briefträger einen intimen Blick in viele Wohnverhältnisse bekommen und meist einen aktuellen Stand über die in diesen Verhältnissen lebenden Personen haben, so haben eigentlich die Marshalls den wirklichen Einblick in die Golfgesellschaft inklusive der gerade aktuellen Verhältnisse.

Also wir hatten einmal einen Marshall, der war nicht nur Kenner, sondern mitunter sogar Mitgestalter der Verhältnisse. Er ist nach Annäherung aus seinem Cart ausgestiegen, hat die Damen intensiv begrüßungsgeküsst und den Herren beim Händeschütteln Arme und Schultern mitgelockert. So ein Verschnitt aus John Wayne und Heinz Conrads, Griaß euch die Madln, servas die Buam – auf Amerikanisch. „Gibt's was?", hat meine Frau meist vorsichtig gefragt und ist wieder auf Distanz gegangen. Nicht zu viel Intimität mit dem Marshall, ist ihr zu riskant. Dem Marshall wiederum hat sein Hereinplatzen in die Runde gefreut. Freund und Helfer Syndrom, wie bei der Polizei, die Polizisten dürfen sich ja auch auf und über jede Amtshandlung freuen. Allerdings sind gewisse Gerüchte nie ganz verstummt, dass manche Damen an der herzhaften Begrüßungsart auch Gefallen gefunden haben. Wie und wo sich dieser Gefallen dann weiterentwickelt hat, entzieht sich meiner Kenntnis, aber wenn einmal was ins Clubhaus einsickert, dann wird das ein Selbstläufer, da brauchen die Golfer keine Social Media. Alte Schule.

Aber zurück zum Kern des Marshalls als Ordnungshüter. Eine wesentliche Aufgabe des Marshalls ist auf eine Mindestspielgeschwindigkeit zu achten, also umgekehrt zur Polizei, die achtet auf eine Unterschreitung der Maximalgeschwindigkeit und ahndet die Überschreitung, der Marshall achtet auf die Überschreitung der Mindestgeschwindigkeit und mahnt die Unterschreitung zu vermeiden, in diesem Fall die Spielflussgeschwindigkeit. Allerdings sind die Probleme, die zur Nichterreichung der Mindestspielflussgeschwindigkeit geführt haben, selten aus einer Ursache allein abzuleiten. Daher gelingt es den Marshalls auch gar nicht so mir nix, dir nix eine Beschleunigung zu erreichen.

Eine kleine Aufzählung an Geschwindigkeitsverfehlungsgründen bereichert zwar den Golfalltag nicht, schadet aber auch nicht unbedingt.

1. Zu langes Suchen der verschossenen Bälle
2. Extensives Austauschen von wesentlichen Tratschinformation (also da könnte ich dir G'schichten erzählen)
3. Schleichender oder lustloser Gang
4. Lesens des Grüns Grashalm für Grashalm (wie Lesen Buchstabe für Buchstabe)
5. Fischen und Ernten von irgendwelchen Bällen
6. Einnahme von Speisen und belustigenden Getränken
7. Konfliktbewältigung
8. Schlechtes Trolley Abstellmanagement
9. Langatmige Ballansprache

und zu guter Letzt …

10. Suchen nach anderen Gründen basierend auf dem „Wir waren's nicht!“ Reflex, weil der vordere Flight, der ist so langsam …

Da auch die besten Marshalls nicht alle Gründe treffsicher ausmachen können, lösen sich die in diesem Zusammenhang geführten Gespräche zwischen Marshall und Spieler nicht immer in Wohlgefallen oder Befolgung auf. Also wenn jetzt für manchen Spieler nach der selbstindizierten Ärgerbaustelle auf den letzten 3 Löchern noch der geringste Ärger durch den Marshall oder sonst wen dazukommt, dann ist das Fass voll. Es setzt eine Beschwerde. Das ist so eine Art Ärgerstufe 3 plus, natürlich noch deutlich vor der Handgreiflichkeit. Aber von dem Vollidioten brauche ich mir eine Er- oder sonstige Mahnung nicht gefallen lassen. Das habe ich nicht Not.

Der Marshall ist natürlich auch in einer Beschwerdezwickmühle. Denn es kommt oft vor, dass sich ein Flight bei ihm beschwert, dass der vordere so langsam ist. Diese Beschwerde ist aber oft auch keine freundliche Bitte mehr (hat schon bei der Ballansprache nicht funktioniert), sondern ein deutliches Gespräch, dass das „SO nicht geht". Und außerdem kennt man ja einen da vorne, also wirklich, immer der. Der Marshall muss nun einen ausgefuchsten Weg fahren, um beim vorderen Flight von vorne zu kommen, denn er kann in seiner diplomatischen Zwickmühlenlage nicht sagen, dass sich der hintere Flight beschwert hat, sondern er muss sich eine andere Motivationsformulierung einfallen lassen – bei uns gerne: „Ihr habt jetzt schon ein ganz schönes Loch aufgerissen." Ist aber auch oft bereits zu viel.

Da war auch mal ein Marshall, der hatte einen anderen Ansatz. Der hatte so ein kleines Lager an Trösterlis mit. Selbstgebranntes und so. Die hat er primär selbst getrunken, sekundär verkauft und tertiär an Beschwerder zur Beruhigung abgegeben. Manchmal auch an Spieler, die ihm einfach nur mehr leid getan haben. Da sind sehr lustige Stimmungen aufgekommen und die anfallende Wartezeit wurde dann viel leichter und vor allem gemeinsam geschluckt. Die Nüchternheit der Spieler inklusive Marshall wird bei den Formulierungen und sonst auch nicht immer gefunden. Aber das Cart des Marshalls kennt Gott sei Dank den Weg. Der Marshall hat auch schon mal Getränke nachgebracht, weil der um die Bedürfnisse Bescheid wusste.

Aber es ist wie bei der Polizei, der Marshall ist tatsächlich Freund und Helfer. Was der alles findet, vergessene Schläger, Schutzhüllen, Thermoskannen, Regenschirme, Sonnenbrillen und und und. Und er hat schon Hitze Kollabierte, Fuß Verstauchte, Bienen Gestochene, Regen Durchweichte und andere Frustrierte und Beleidigte retten müssen. Jeden auf seine Art.

Zur Entspannung gibt es auch Tage, da hat der superspielende Supersenior Marshalldienst. Der hat oft einen Tipp übrig, wird sehr geschätzt. Macht mit größter Umsicht leichte dezente Informationsbestäubung von Flight zu Flight. Wenn es nur solche Typen geben würde, würden sich die Golfer viel rascher vermehren.

Golfplätze sind übrigens herrliche Parklandschaften, wenn da nicht die Golfer wären. Die ackern auf dem Platz mit ihrer Gerätschaft nämlich ganz schön herum. Auch das braucht Aufsicht. Die Reduktion der Platzzerstörung ist somit ein weiteres Aufgabengebiet, das der eine oder andere Marshall bewältigen sollte. Es ist nicht verwunderlich, dass nicht alle diesem Windmühlenkampf mit der Don Quichote Rolle gewachsen sind. Die Marshalls sollten stets darauf achten, dass die Spieler ihre Divots zurücklegen und am Grün ihre Einschlaglöcher mit Pitchgabeln ausbessern – viel Spaß. Ohne Caddys, und die gibt es hier nun mal nicht, wenig bis keine Chance.

Die Spieler kann man natürlich nicht in Bausch und Bogen des Umackerns bezichtigen. Viele Spieler freuen sich ja riesig, wenn sie überhaupt ein Divot herausschlagen oder ein Einschlagloch am Grün zustande bringen und nicht von der Seite mickrig hereinchippen müssen. Dann wird das Einschlagloch mit Stolz ausgebessert. Sollte das Einschlagloch vor dem Ball sein und auf einen super Backspin schließen lassen, dann erst recht und mit Kommentar. Divotzurückleger gibt es auch, ja.

An manchen Tagen oder zu manchen Tageszeiten steigt natürlich die Marshalldichte auf 50 Marshalls pro 1000 Spieler und mehr. Da kommen weder der Küsserkönig noch der Schnapsverkäufer auf ihre Rechnung. Der eine sucht dann Bälle – seine intime Platzkenntnis verschafft ihm einen gewaltigen Vorteil. Die Bälle aus diesen Intimzonen – und da kommt schon was zusammen – können dann gezielt verschenkt werden. Der andere sitzt im Clubhaus und jammert den Clubwirt an, der an diesem Tag ja auch nicht wirklich beschäftigt ist, und der Dritte spielt selbst. Irgendwie fügt es sich.

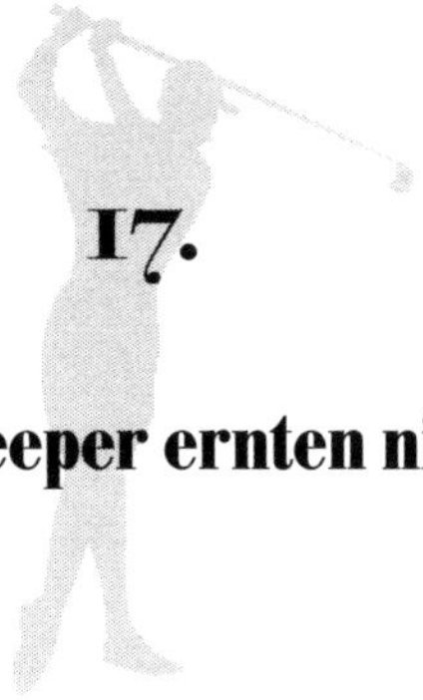

17.

Greenkeeper ernten nicht

Das ganze Jahr über ein schönes Blatt

Irgendwie haben wir noch nicht mit und über die Greenkeeper geredet. Die Marshalls müssen den gesellschaftlichen Verhältnisverwilderungsdrang im Zaum halten, die Greenkeeper müssen den biologischen Verwilderungsdrang im Griff haben. Ein Landwirt setzt alles daran im Herbst eine reiche Ernte einzufahren, um schließlich beim Erntedankfest hoffentlich mit Erleichterung auf das Jahr zurückzublicken. Die Stadtgärtner wollen saisonale Blütenpracht und Verschönerung. Unser Headgreenkeeper möchte das ganze Jahr über ein schönes Blatt. Das macht schon einen Unterschied. Sie sind Pfleger und Gestalter, die auf konstante Bedingungen für die Spieler bedacht sind. Sie wollen einer von Wachstum beseelten Biologie das Gesicht einer Gleichmäßigkeit aufzwingen. Eine biologische Konstanz ist allerdings genauso unmöglich wie der konstante Golfschwung. Da fischen wir im selben Teich.

Die Greens, und nicht umsonst heißen die Greenkeeper Greenkeeper und nicht Fairway Keeper, sind das heikelste. Sie sind gegenüber den Angriffen der Spieler durch Bunker verteidigt (man sagt tatsächlich, ich greife jetzt das Grün an), aber der Greenkeeper muss die Greens hauptsächlich gegen Pilze und Schädlinge aller Art verteidigen. Mit Chemie und Luft. Der wirklich komplizierte Greenaufbau muss regelmäßig belüftet werden. Leider kann man nicht auf landwirtschaftlich konventionelle Weise umpflügen, sondern man muss aerifizieren. Dazu werden fingerdicke Löcher in die Greens gestanzt. Im Anschluss werden die Greens gesandet, dieser Sand wird mit einem Netz über das Green gezogen und soll so die Löcher wieder auffüllen.

Diese Belüftung erfolgt 1 bis 2 mal pro Jahr. Wenn die Greenkeeper bei Sonnenaufgang beginnen, schaffen sie alle 18 Greens bis Sonnenuntergang, wenn sie wirklich ihr Bestes geben.

Unsere Greenkeeper sind gut trainierte Burschen und ich erinnere mich an so einen Aerifizierungstag, bei dem die Greenkeeper mit nacktem Oberkörper bei Sonnenuntergang auf Green 18 ihre letzten Arbeiten verrichteten. Ein Schauspiel höchster Güte für die auf der Terrasse sitzenden Damen. Da wurde der Prosecco zum Champagner und die Wünsche, dass die Greenkeeper einen Bildkalender herausbringen sollen, halten sich bis heute. Außerdem wuchs das Verständnis für den Sand, der meist noch ein paar Tage auf dem Grün das Putten erschwert und dem gleichmäßigen Rollen des Balles einen Zacken herausreißt. Aerifizieren hat leider nur selten diesen animierenden Nebeneffekt und bleibt harte landwirtschaftliche Arbeit.

Die Größe der Grüns und damit ihr Pflegeaufwand werden tendenziell kolossal unterschätzt. Befragte Spieler neigen eher dazu, dass Grün mit einem großen Wohnzimmer zu vergleichen, vielleicht einem Haus. Tatsächlich hat aber das Grün mehrere hundert Quadratmeter. Also eher eine Bauparzelle, was aber nichts daran ändert, dass es trotzdem so schwierig zu treffen ist. Rasensorte „Agrostis stolonifera Penn A1/A4" zum Beispiel – der Name schreckt wahrscheinlich ab. Vor dem Grün gibt es ein Vorgrün, das ist aber gleichgrün, nur dass dort das spezielle Grüngras nicht gar so kurz gemäht ist.

Das, worum es zieltechnisch geht, ist schließlich das Loch mit einem Durchmesser von 10,8 cm. Dort soll der Golfball, wenn er nicht geschenkt wird, mit seinen 4,27 cm hinein. Das sieht eigentlich leicht aus. Das Loch definiert sich durch eine Plastikdose und im Loch steckt noch eine Fahne, damit man schon von weitem erkennen kann, wo das Ziel ist. Früher durfte die Fahne beim Versuch hineinzuputten nicht im Loch stecken, mittlerweile ist das wurscht. Geometrisch ist es richtig, dass die Fahnenstange die Lochfläche verkleinert, also hat man, wenn man die Fahne drinlässt, weniger Lochfläche zur Verfügung. Diskussionen, ob es nun besser ist, die Fahne beim Putten rauszuziehen oder drinnen zu lassen, gibt es. Jene, die das Drinnenlassen befürworten, glauben, dass die optischen Tücken das Ziel, sprich das Loch, falsch anzuzielen, verringert werden. Am Grün sind diese Diskussionen allerdings zu vermeiden, zu spät, man fügt sich besser den Vorlieben der einzelnen Spieler.

Die Farbe der Fahne gibt oft einen Hinweis, ob das Loch vorne, in der Mitte oder hinten gesteckt ist. Denn die Greenkeeper verändern die Position der Löcher sehr regelmäßig. Wenn der dritte Putt auch vorbeigeht, heißt es gerne: „Das ist aber gemein gesteckt."

Die Schnelligkeit des Grüns steigert sich, wenn das Gras sehr kurz gemäht wird. Erst dieses Jahr musste ich lernen, dass man es dann auch noch bügeln kann, mit irgendeiner Walze – superschnell ist es dann. So eine Maschine steht auf der Wunschliste unserer Greenkeeper. Genau genommen ist natürlich nicht das Green schnell, auch nicht der Ball, sondern das kurze Gras verringert den Rollwiderstand, der dann den Ball weniger schnell einbremst. Man braucht also bloß weniger Energie für die gleiche Länge. Dass man die sprichwörtliche Schnelligkeit des Greens, die man in der kryptischen Einheit Stimp angibt, vorher hätte messen können, hilft zu dem Zeitpunkt, wo der Ball weit über das Ziel hinausrollt, nicht mehr. Es sei denn, er trifft den Fahnenstock, der den Ball bremst. Dann ist zwar nicht die Fahne, aber wenigstens erscheint die steckende Fahnenstange doch zu was gut. „Ohne Fahne wäre er hineingegangen", redet sich dann der erfolglose Schütze heraus.

Die intensive Nutzung des retrospektiven Konjunktivs, dass man hätte etwas anders tun können, also in diesem Fall, dass man die Fahne besser hätte herausziehen sollen, ist in Österreich übrigens sehr verbreitet. Sie ist ein Beruhigungsinstrument, das suggerieren soll, man habe alles richtig gemacht, bis auf die Kleinigkeit eben, die man hätte anders machen sollen. Natürlich meist nur eine lächerliche Kleinigkeit.

Erfreulicherweise generiert der verschobene Putt deutlich weniger Ärgerstress. Wen man anschließend im Clubhaus mit Fug und Recht behaupten kann, man habe nur schlecht geputtet, unterstreicht der Spieler damit die Qualität seines übrigen Spiels. Das tut gut.

Die gesamte Fläche eines Golfplatzes ist so um die 80 Hektar, das ist schon mal doppelt so viel wie die Fläche eines durchschnittlichen Landwirtes. Auf so einer Fläche gibt es immer viel zu tun, damit der Platz so ausschaut, wie er ausschaut. Samen, Dünger und Pflanzenschutz, jede Menge technische Gerätschaft und jede Menge Wasser. Greenkeeper sind auch in Verbänden organisiert und sollte jemand in diese völlig andere Welt eintauchen wollen, so lohnt sich ein Blick auf die Homepage jener Verbände. Tagesaktuell würde man da ein Webinar über die Rasenkrankheit Anthraknose oder über Frühjahrsdüngung finden. Gute Greenkeeper müssen verdammt viel wissen und können. Und neben Verständnis für die Gräser hat auch schon handwerkliches Geschick als Mechaniker die Riesenmäher vor dem Liegenbleiben gerettet.

So wie wir die Lebensmittel ab Hof direkt vom Bauern speziell genießen, so spüren wir Golfer ab Hof sozusagen die frische Golflandschaft. Die Greenkeeper säen, aber ernten nicht. Wir Spieler bekommen die Saat als Augenweide zurück und können die Spielbahnen, die in eine herrliche Umgebung eingebettet sind, wahrlich genießen.

Wir schreiten vom Abschlag das Fairway entlang, der eine Richtung Bunker, der andere Richtung Rough. Da mag auch kleines oder größeres Wildtier wie Hase oder Reh herumrennen. Hoffentlich keine Schlange. Wir genießen die pflanzlichen Dekorationen und den Blick auf die Teiche. Im Teich sind ein paar Fische und viele Bälle. Die eine oder andere Bank lädt zum Verweilen ein – herrlich. Zwischen 2 Löchern gibt es schon mal eine Pause mit solchen Gefühlen. Dann kommt wieder ein Graben, in dem wir uns wild verrenken und einen gefundenen Ball doch herausschlagen wollen. Statistisch geht das voll daneben, aber dieser Moment wird nicht von Statistik, sondern von Chancen geleitet. Die Greenkeeper hätten den Graben besser ausmähen sollen. Im Wald sind die Bälle jedenfalls leichter zu finden. Herausschießen unterliegt einer ähnlichen Statistik wie der Graben, allerdings gibt es dort keine regelkonforme Alternativoption. Nur zu viele Bäume, die jetzt allesamt im Weg stehen.

Golfplätze sind fast überall auf der Welt in ein pittoreskes Landschaftsumfeld eingebettet. Oder der Platzdesigner hat ein solches künstlich geschaffen wie in Shanghai. Da heißt schon mal ein Kurs Forest Course, weil das gesamte Areal mit einer Baumzeile umstellt ist. Sonst natürlich von Wald weit und breit keine Spur. Ein Golfplatz hat auch überraschend viele Brücken, die uns über Gräben, Wasser und kleine Bäche führen. Auch diese stehen in der Obhut der Greenkeeper. Oft hat ein Golfplatz auch eine Spielbahn, die eine besondere Augenweide darstellt – das Signature Hole. Auf unserem Golfplatz findet sich ein wunderschöner Weingarten entlang Bahn 6, der in mühevoller Kleinarbeit auf einem Sonnenhang von einem unserer Gründer angelegt wurde. Er wollte beweisen, dass in unserer Nicht-Wein-Gegend Wein wieder wachsen kann, da es Hinweise auf frühere solche Aktivitäten gibt. Schmuckstück ist ein Klapotetz. Das ist so eine Art verhinderte Windmühle, die mit Klappern Vögel und anderes Getier verscheuchen soll. Der Klapotetz hat in der Südsteiermark Tradition. Aber in Zeiten der Klimaerwärmung und Globalisierung wandern Weinbau und alte Gerätetechnik schon mal über die Alpen. Die Weinqualität hat in meinen bescheidenen Kostproben jedenfalls bestanden.

Das Umfeld und das Design machen jedenfalls jeden Golfplatz zu einem Unikat. Die Plätze finden sich in den Bergen, in Seengebieten, im Flach- und Hügelland, in Sumpfgebieten, am Meer und mit einem Anflug an Bedenklichkeit in der Wüste. Die Golfstaaten, wie die Vereinigten Arabischen Emirate, haben neue Großstädte aus dem Sand gestampft und etwa Dubai und Abu Dhabi zu Golf-Mekkas werden lassen. Mekka selbst liegt natürlich in Saudi-Arabien, aber die Pilger, die dorthin pilgern, spielen nicht Golf.

Sosehr wir auch in einer Kultur leben, in der das Reisen, insbesondere das Fernreisen, sogar mit Bildung assoziiert wird und die Möglichkeit dazu bereits tief in unserem Kulturempfinden verankert ist, so sehr sind viele in der pandemischen Zeit wieder draufgekommen, dass golferische Abwechslung auch in einem überschaubaren Radius erreichbar ist. Auch sehr gepflegt.

Zeiten, Gewohnheiten und Golfschwünge werden sich ändern, sagt man.

18.

Das Restaurant im Clubhaus - Loch 19

Golf ist ein blühendes Biotop für zwischenmenschliche Irritierungen.

Endlich geschafft. Der gemütliche Teil wartet. Wobei das Gemüt, das man für diese Empfindlichkeit braucht, kennt zu diesem Zeitpunkt noch viele Temperaturstufen, insbesondere im heißen und hitzigen Bereich. Freilich ist es auch der allgemeinen Kultur geschuldet, wie gemütlich es in der jeweiligen Region zugeht. Außerdem, nur weil wir Österreicher uns für besonders gemütlich halten, heißt das A) noch lange nicht, dass wir es von außen betrachtet tatsächlich sind und B) ist die Frage noch nicht geklärt, ob Gemütlichkeit ein anzustrebender Gemüts- und Stimmungszustand ist. Wie gesagt, der Österreicher beantwortet die zweite Frage auf jedem Fall mit einem lauten Ja, aber man kann auch hier ein Stadt-Land Gefälle spüren, wenn man mit der entsprechenden Sensorik ausgestattet ist.

Aber Gemütlichkeit hin oder her, welche Gemütszustände soll ein Golfer denn noch alle haben, er war ja gerade noch mit allen Sinnen, Instinkten und Gefühlen unter körperlichem Einsatz auf einer anstrengenden Runde, Wind, Wetter und Sonne ausgesetzt. Erste Gespräche beginnen natürlich schon in der Umkleidekabine. Insbesondere nach einem Turnier herrschen da reger Betrieb und eine Nabelschau (kann natürlich nur für

Männer sprechen). Ungeschützt im Kollektiv – also nackt – sind Männer in einer tendenziell heiteren Stimmung mit Hang zu seichtem Humor. Und es kommt nicht nur im Film vor, dass einer unter der Dusche singt. Mir ist leider keine Studie untergekommen, die meine Beobachtungen belegt, aber ich konnte diese nackte Heiterkeit weltweit ausmachen. Auch die Amerikaner, Chinesen, Thailänder – alle schreiten brustbetont mit einem auffallenden Grinsen durch diese Räumlichkeiten. Da in einer Shanghaier Umkleidekabine auch ein Potpourri an Schönheitsgoodies aufliegt, kommen da ein ausgedehnter Pflegevorgang für manche Körperteile und gerne eine Rasur dazu. Oft auch unter Absingen gefühlsbetonter Lieder. Wenn das erledigt ist, wird endlich klar, warum der Musculus gluteus maximus so groß ist. Er ist im Anschluss dafür verantwortlich uns für mehrere Stunden Sitzkomfort zu verleihen.

Jetzt kommt noch ein (vor)letzter Höhepunkt. Der Auftritt im Clubrestaurant. Da der geübte Clubhausbesucher nicht zum ersten Mal dort erscheint, hofft er, dass sein Blick bereits alles verrät. Zum einen sollen alle Golfbekannte, die er oder sie im Clubhaus anzutreffen hofft, durch diesen Blick erahnen, welche Fragen jetzt angemessen sind beziehungsweise auf welches Lob oder auf welchen Trost sie sich vorbereiten sollen. Der Clubwirt oder der Clubwirtin soll ebenso erahnen, welche Bedürfnisse den Hereinschreitenden ins Gesicht geschrieben sind. Wenn dem nicht so ist, muss der Golfer sein Gehirn nochmal anwerfen und nachdenken, was er eigentlich bestellen will. Gerade in diesem Moment keine leichte Frage. Aber dafür haben wir ja Reflexe, in diesem Fall den „Immerdasselbe Reflex“. Den hätten wir auf der Runde auch gerne gehabt, also einen Reflex, mit dem sich der Schwung zuverlässig reproduzieren lässt. Denn das ist es, hören wir den Tischnachbarn sagen. „Ich müsste nur konstanter schlagen. Es kommt nicht auf die Weite an, es gibt viele gute Spieler, die schlagen nicht weit, aber konstant.“ Diese Feststellung soll implizieren, dass der, der das gerade gesagt hat, eigentlich viel weiter ist als seine Bezugsperson, nicht nur bezogen auf die Ballflugweite, sondern auch in seiner golferischen Entwicklung insgesamt, irgendwie.

Meine einzige Konstante ist, dass ich mir jetzt mit diesem „Immerdasselbe Reflex“ einen Sommerspritzer bestelle. Das hätte die gute Wirtin wissen müssen. Ein Sommerspritzer basiert auf einer in Österreich beliebten Methode, den Wein so kräftig zu verdünnen, dass Durstlöschung und durch Alkohol indizierte Entspannung gleichzeitig einsetzen. An manchen Tagen bringt mir das Getränk die Wirtin bereits in dem Moment, in dem ich mich hinsetze. Das ist dann Perfektion wie der letzter Superdrive auf Loch 18. Sie kann also doch Gesichtsausdrücke lesen. Ich bereite mich innerlich vor, wie ich die Stelle beschreibe, wo der Drive auf Loch 18 zu liegen gekommen ist. Nämlich deutlich hinter dem Bunker, bei der 100 m Markierung, fast.

Erfreulicherweise setzt nun Entspannung (mit und ohne Alkohol) überall auf der Welt ein. Nona setzt diese Entspannung am Ende fast aller körperlichen Tätigkeiten ein, aber ein Entspannungsgleichklang braucht eine verbindende Anstrengung davor. Denn was uns heute erregt oder geärgert hat (oder noch wird), hat was Verbindendes, fast Verbindliches. Die Abkühlung des Gemüts ist unter Umständen noch nicht vollständig gelungen, sodass eine Kleinigkeit noch ausreichen kann, einen erneuten Ärgeranflug zu begünstigen. Meist erfolgt erst nach der Einnahme eines gemeinsamen Mahls eine diesbezüglich spürbare Gefahrenreduktion. Dass fortschreitende Alkoholisierung wieder eine Ärgertür aufmachen kann, sei erwähnt, aber nicht vertieft. Ich bleibe heute ja nicht so lange sitzen, rede ich mir jetzt noch ein.

Zur Beruhigung, es muss übrigens nicht immer ein Mahl sein, viele wollen einfach ein einfaches Gericht. Wir werden es nicht ergründen, geschweige denn haben wir nur annähernd ähnliche Vorstellungen, welche Mahlopulenz jetzt angemessen ist. Die unzähligen Kochbücher meiner Frau helfen dem Koch jetzt nicht. Vor meiner Zeit in Asien habe ich den Essensverbindungs-Effekt weniger stark gesehen, aber Asiaten, allen voran Chinesen, sehen im gemeinsamen Essen, das einer für alle bestellt, den innersten Kern ihres kulturellen Zusammenhalts, auf dem das

Grundverständnis eines harmonischen Zusammenlebens aufbaut. Freilich gibt es auch Differenzen, die zunächst nicht überbrückbar scheinen, aber es herrscht ein Grundverständnis, dass die Zeit des Essens die Zeit zum Bau von Brücken ist. Da wird jeder zum brückensanierenden Greenkeeper.

Aber egal wie wir das Essen bestellen, individuell oder doch gemeinsam, mit Wein oder Wasser, jetzt steht uns ein netter Ausklang des Golftages bevor, Sonnenuntergang womöglich, Terrassenstimmung. Definitiv ist das Clubhaus ein besonderer Ort für die Auflösung von menschlichen und zwischenmenschlichen Irritierungen. Natürlich auch für die Bildung derselben. Man sucht ja schließlich Balance. Im Finish.

Inspirationen & Quellen
(alphabetisch nach Autor)

- Dan Ariely, The (honest) truth about dishonesty, 2012
- Alois Brandstetter, Zu Lasten der Briefträger, 1976
- Byung-Chul Han, Die Müdigkeitsgesellschaft, 2010
- Yuval Noah Harari, Eine kurze Geschichte der Menschheit, 2013
- Daniel Kahnemann, Schnelles Denken. Langsames Denken, 2016
- Mario Pricken, Die Aura des Wertvollen, 2014
- Andreas Reckwitz, Gesellschaft der Singularitäten, 2020
- Andrea Sartori, KPMG, Golf Participation Report for Europe, 2018

Der Autor

Chris Reisinger, 60, lebt in Vöcklabruck, Österreich, und Shanghai, China. Nach dem Studium an der TU Graz und der University of Houston, Texas, wurden über Jahrzehnte Managementfunktionen in internationalen Unternehmen ausgeübt. Heute liegt ein Schwerpunkt bei Unternehmensbeteiligungen, Begleitung von Unternehmen in Organfunktionen und Mentoring von Startups. Zahlreiche wissenschaftliche Veröffentlichungen, aber auch eine kritische Betrachtung des jeweiligen Umfelds führten zu vielen Vorträgen im In- und Ausland. Eine bis heute andauernde Leidenschaft gilt neben dem Golfsport den Auftritten als Jazztrompeter, je nach beruflichem Engagement mit unterschiedlicher Intensität.

Chris Reisinger ist verheiratet und hat 2 Söhne.

Sein neues Buch „Die Golfgesellschaft" ist nach „Wiener Schnitzel", einer länger zurückliegenden Erscheinung, ein weiterer Ausflug in die Welt der Unterhaltung.